THE STORY OF MOVEMENT WITH GANGSTERS

僕らはソマリアギャングと夢を語る

「テロリストではない未来」をつくる挑戦

永井陽右

英治出版

はじめに

僕はいま、世界最悪の紛争地のひとつであるソマリアの紛争問題に関わっている。大学1年の秋に〈日本ソマリア青年機構〉を立ち上げてから5年、主な活動は、隣国ケニアでギャングになってしまったソマリア人の若者の社会復帰プロジェクトだ。ギャングのグループは15~29歳あたりのソマリア人の若者で構成されており、強盗やドラッグ売買、殺人などの犯罪行為で地域の治安を悪化させている。また、不法移民であり身分証を持たないギャングたちは、過激派組織のリクルート対象にもなっている。

日本ソマリア青年機構もギャンググループと同じように、若者だけで構成されている。現在日本人メンバーは20名ほどの大学生で、ソマリア人メンバーは30名ほどの青年たち。そんな僕らの強みは、ギャングたちとまさに同年代であるということ。政府や国連などに不信感をいだくギャングたちも、同年代の僕らには心を開き、向き合って対話をしてくれる。これが僕らの武器であり、存在価値でもある。

僕がこの活動を始めたのは、比類なき人類の悲劇と言われるソマリア紛争という問題を「知ってしまった」からだ。ただの学生が立ち向かえるような問題ではないことは誰が見ても明らかだったし、実際に少なくない数の人々からそう言われ続けてきた。しかし、力がないからという理由で諦めることだけはしたくなかった。「いま何かできることがあるのではないか」という思いがあった。

迷いながら、悩みながら、自分がやるべきことと自分だからこそできることが重なるところを探し続けた。その結果、無力な若者である僕らだからこそできるアプローチにたどり着いた。それが、いま紛争を起こしている武装勢力の大人たちではなく、そこに向かいつつあるギャンググループの若者たちをターゲットにした社会復帰プロジェクトだった。

活動を進めていくうえで何度も大きな問題や壁にぶつかってきたし、今後も修正すべき課題は山積している。しかし、ギャングをやめた人たちも何人か出てきたうえに、生き方を変えたいと真剣に考えはじめたギャングも順調に増えてきた。ソマリアの現状が大きく変わったわけではないけれど、それでも僕らが関わった個々人には一定の変化が生じている。

僕らが活動のなかで大切にしているのは、「Realization（理解と現実化）」という言葉。この言葉は、僕がソマリアに関わろうと決めただけで、具体的な方法がわからず悩んでいたとき、アフリカに造詣が深い建築家の坂田泉さんが教えてくれたものだ。慈善でも援助でもない、助ける・助けられるといった関係でもない、人と人のあいだにある無限の可能性に目を向け、それを形にしていくということ。

僕は当初、危機が差し迫っている人を救い、非人道的な暴力を振るう加害者に罰を与えたいという、勧善懲悪的な考え方をしていた。しかし、この「Realization」の考え方を知ってから、まずは問題を「理解」しようと、ケニアの首都ナイロビにある、ソマリアからの難民・移民が住む地区に何度も足を運んだ。そこで知ったのが、ケニア社会からつまはじきにされているギャングたちだった。彼らに対して僕らができることを考え、なんとか「現実化」して育ててきた。僕らのような無力と思われる学生にも、学生だからこそ、「できること」は見つかるし、現実に「できる」のだ。

紛争問題や貧困問題など海外の問題だけでなく、日本国内の地域おこしや少子高齢化など、さまざまな社会問題に関心をいだき、関わろうとしている人が増えている。どれも箇単に解決できるものではないし、特に複雑な問題ほど、スキルや経験がないからと諦める人もいるかもしれない。もちろんスキルを獲得しようと努力することは重要だけれど、なくてもできることは必ずあると僕は思っている。僕がこの本を書こうと思い立ったのは、僕らの「Realization」のストーリー、その過程で得た学びを共有することで、難しい問題に対していま何か行動を起こしたいと、真摯に願う人へのヒントになるのではと思ったからだ。

これまで人生の先輩たちが、何も持たない僕を応援してくれた。何の根拠もなく「ソマリアの問題に立ち向かう！」と宣言した僕に、国籍を超えた多くの同志たちがついてきてくれた。そしてギャングたちは、僕らを信頼して、人生をやり直すために自ら行動を起こし、僕らの活動に協力してくれた。

この本は、僕ではなく僕らのストーリーだ。そしてまだ見ぬ誰かのストーリーの一部になることを祈っている。僕らの挑戦が、「何かをしたい」と思っている人や、自分がやりたいと思うことと自分ができることの狭間で悩み、苦しんでいる人にとっての小さな後押しになれたら、それ以上に光栄なことはない。

目次

1 出会い「ここはテロリストの巣窟だ」

KENYA Eastleigh

大虐殺の地ルワンダで感じた、「人の痛み」

無数の遺体の前で、僕は圧倒されていた――。

２０１１年８月、大学１年生の僕はルワンダのジェノサイド記念館を訪れた。およそ17年前、たった3カ月で１００万人を超える人が虐殺されたと言われる事件の記録を、僕は目にした。虐殺に使用された武器のナタや棍棒、犠牲になった人々の写真、そして頭蓋骨や体の骨。ムランビという田舎にある記念館では、防腐処理した遺体がそのままの状態で数え切れないほど展示されており、強烈なメッセージを放っていた。

最初こそ異様な臭気に気圧されていたけれど、次第に慣れてきた僕は、ひとつひとつの展示をじっくりと観察した。そして懸命に頭を働かせて考えてみようとした。

頭蓋骨にはもれなくヒビがあるか大きな穴が開いていて、それは打撃によるものだとすぐにわかった。ところどころに体毛が残る遺体は、手足が不気味に折れていたり切断されていたりしていた。

「耐えようがないほど痛かっただろうに」

「悔しかっただろうな」

「殺されるその間際に何を思ったのだろう」――。


ジェノサイド記念館を訪れると、泣いてしまう人もいるという。僕も哀しみの涙が出るのかと思っていたけれど、湧き上がってきたのはちょっと違う感情だった。

「こんなことをしたやつがいるなんて」

驚いたことに、それは加害者に対する憎しみともいえるものだった。非人道的な暴力を振るった加害者への、強烈な怒りだった。


高校時代に世界史の教科書で知ったルワンダのジェノサイド。もっと事件のことを知りたいと、映画や本で情報を漁った。そのうち、大学生になったらルワンダに行こうと決意していた。ジェノサイドから十数年も経っているので、現在は平和に向かっているとのことだったが、まだ見えない被害者が残っているかもしれないと思っていた。確かめるためには、現地に行ってみなければわからない。そして、大学に入学したその週に、ルワンダで活動する学生団体にまっさきに加入した。その団体は、ルワンダに行って現地の学生との「相互理解」を目指して、対話する場を設ける活動をおこなっていた。でも僕の思惑は別のところにあって、単に交流するだけではなく、現地に行って問題を見つけたいと思っていた。

団体に加入して4カ月後、ルワンダ訪問が実現した。滾《たぎ》る熱意とともにルワンダ入りしたものの、やはり言われていたとおり社会は安定して平和だった。そこには日常的に命の危険にさらされている人はいなかった。もちろんジェノサイドが残した問題がすべて解決したわけではない。けれど、表立った殺し合いや対立は起きていないうえに、毎年7%に近い経済成長率を叩き出し、「アフリカのシンガポール」と呼ばれているほど素晴らしい国となっていた。

平和であることを素直に喜びたい気持ちの半面、肩透かしにあったような気もした。

そんなもやもやした感覚をいだきながら、ジェノサイド記念館を訪れた。そうしたら「憎しみ」という思いもしなかった感情に気がついてしまった。「なぜこんなにも憎いと思うんだろうか」遺体の前で僕は自問自答していた。すると、ひとつの答えに行きついた。

そうか、「痛み」だ。

「幸せ」や「笑顔」の定義は人によって違うだろうし、困っているかどうかなんて当事者でない僕には推し量ることはできないけれど、何に「痛み」を感じるか、その「痛み」がどの程度のものかは、ほぼ正確に想像できそうだ。なぜなら僕も他人も同じ人間だから。手足を切られ頭を割られる、そこには耐え切れないほどの「痛み」があるはずで、僕はそれを自分の痛覚として想像することができる。だからこそ僕は、その「痛み」をもたらした行為に対して強烈な怒りをいだくのだ。それなら僕は、暴力を振るう加害者を食い止め、いま危機が迫っている人を救おう。最も耐え難い「痛み」に注目をしよう。そう思うと、目の前の靄《もや》が少し晴れた気がした。

「ここはテロリストの巣窟だ」

ルワンダからの帰路、経由地のケニアに僕はひとりで数日滞在することにした。首都ナイロビに降り立ったはいいけれど、不安のあまりどう動いていいかわからなかった。というのもナイロビは「世界で2番目に治安が悪い都市」と言われていたし、日本で買ったガイドブックには「日中でも絶対にひとりで外を歩いてはいけない」という注意勧告文がびっっっしりと赤文字で大きく列挙されていた。「大げさに書いてあるとたかをくっていて被害に遭わないでほしい」なんて表現もあるほど危険な都市だったのだ。

なにぶんタクシーすら危険らしいので、事前に現地に住む日本人の方に、空港から市街地までの送迎をお願いしておいた。それなのに、いざ着いてみると空港にいない。携帯は持っていないわ周りの人からじろじろ見られるわ、困り果てた僕は、人が良さそうな現地人に話しかけて携帯を借りようと考えた。

「ハ、ハロー？　少しだけ携帯借りていい？　携帯持ってなくてさ……」と上目づかいでお願いしてみると「ん？　オーケー！」とさっぱりした顔で貸してくれた。いやはや助かった。

とはいえあとで使用料とかいって高額を請求されるんじゃないか、といまさらビクビクしながらも電話をかけてみる。ところが電話がつながらない。「どうすんのよこれ……」

途方に暮れていたらひとりの女性が近づいてきた。「タクシー？　ノーサンキュー」と僕が言うと、その女性は「ＮＡＧＡＩ」とだけ書かれた紙を広げて「ナガイ？」と尋ねてきた。ポカンとしつつも頷いた。

「ミスター・アラカワからナガイを出迎えるよう頼まれたわ。ようこそケニアへ！　さあこっちよ！」

戸惑いながらも僕は車に乗り込んだ。

ナイロビ中心地はそれなりに発展していて、高層ビルが立ち並んでいた。少しぐらい外国人もいるだろうと思ったけれど、外を歩いているのは現地の人しかおらず、不安はどんどん増していく。僕は思い切って運転席の彼女に聞いてみた。

「ナイロビって『世界で2番目に危険な街』って日本では言われているんだけど、やっぱり危ないの？　外国人誰もいなくない？」

「昔はね！　だけどいまは世界で2番目に安全よ！」

彼女は笑いながらアフリカンジョークを披露してくれた。なるほど。

そんなこんなで宿に到着。現地人からすれば中級の宿らしく、欧米系の旅行者も少し滞在していた。というのも宿の前はタンザニア行きの国際バス乗り場になっており、彼らはみんな格安でタンザニアに行くためにケニアまで飛行機で来て、その宿に泊まるらしい。

中級宿といってもお湯はたまにしか出ないし、冷蔵庫もキッチンもない。そのため食料を外で買ってくる必要があった。だけど外をひとりで歩くのは気が進まない。よし、外にいるバスの客引きを味方につけよう。

思い切って宿の出入口（というよりただのドア）を一歩出るやいなや、すぐさま客引きが寄ってきた。「ニーハオ！」「おはようございます！」「こんにちは！」ともみくちゃにされていると、向かいの通りからこちらを見ている男性と目が合った。タクシーらしき車のそばにいるので、ドライバーのようだ。大きな体のくせに赤ちゃんのような童顔で、きょとんとした目でこちらを見ている。「なんか童顔だし優しそうだぞ……」と感じた僕は、その男の元に向かう。近くで見るとさらに赤ちゃん顔で、この人ならいけると確信して声をかけた。

「ヘイ！　僕はヨスケ、さっきルワンダから来たんだ。ナイロビは治安が悪くてひとりで歩けないからさ、なんというか、一緒にスーパー行かない？」

突然の誘いを怪しむ様子も見せず、その大男は笑いながら「オーケー！」と快諾した。

「そういえば名前は？」

「ああごめん。言ってなかったね、僕はポール。よろしくヨスケ！」

ケニア人のポールはやはりタクシードライバーで、バス乗り場の近くで旅行者を待っていたらしい。スーパーまでならということで、一緒に歩いて案内してくれることになった。スーパーで最低限の食料を買ったあと、ポールは右も左もわからない日本人の僕にナイロビを知ってもらいたいと思ったらしく、寄り道して色んな場所に行こうと言ってくれた。タクシーの仕事はもう店じまいにしたようだ。

強烈な臭いが立ち込める魚市場、色とりどりの果物が並ぶ青果市場、ケニアのお土産がズラリと並ぶマサイ族の土産物市場、人気のハンバーガー屋、チキンが美味しい定食屋と続き、締めくくりはケニア最高学府であるナイロビ大学だった。そしてナイロビ大学から宿に帰る途中、ふとポールが立ち止まり、僕の顔を見て言った。

「ヨスケ、この道の向こう側には行ってはダメだ。ダウンタウンで、あまり治安が良くない。さらに奥に進むとスラムがあるけど、絶対に行ってはダメだよ」

しかし、実はそのスラムこそ僕が行きたかった場所だった。ポールとはこの日街を歩き回り、色んなことを話したり写真を撮ったりして、ずいぶん仲良くなっていた。だから、ナイロビ中心地以外をポールと一緒に見て回りたいと思っていた。

「明日から帰国日までポールと色々回りたい！　ポールの運転ならダウンタウンも大丈夫でしょ？　実を言うと、僕はキベラスラムを訪れるためにここに来たんだ」と言ってみると、呆れた顔をしつつもポールは「明日は7時集合だぞ」とニヤつきながら言ってくれた。これで決まり。一日分のタクシー料金を確認して、その日は別れた。

翌朝7時ごろ宿の玄関に向かうと、ポールがすでにスタンバイしていた。

「おはようヨスケ！　さっそくキベラに向かうよ！」

僕が車に乗り込むと、颯爽《さっそう》と車を発進させた。運転中のポールは常に前を凝視して

タクシードライバーのポール。
童顔で人懐っこい笑顔に、誰もが心をつかまれる。

いる超安全運転だけど、こちらが質問をすれば最低限の答えを返してくれる。「ねえポール、なんでこんなに朝早いの？」とあくびをしながら質問すると「キベラは朝が一番安全なんだ。盗賊や犯罪集団も朝は寝ているのさ」と教えてくれた。なるほどと感心しているうちに周りの景色が変わってゆく。雑多な空間を進んでいくと、キベラスラムに到着した。僕は意気揚々と車を降りたが、ポールは車から降りようとしない。「どうしたの？　行くよ？」と尋ねると「車が心配だから僕はここにいるよ」と赤ちゃん顔。「キベラはとてつもなくデカく迷ったら終わりだから、ヨスケ、真っ直ぐ進んで真っ直ぐ帰ってくるんだ。朝だからそんなに心配しないで大丈夫。何かあったら大声で叫んでくれ！」と満面の笑みでアドバイスしてくれた。

車内にいるんだから大声で叫んでも絶対に聞こえないよね、と内心ツッコミを入れてみるものの、せっかくここまで来たのでひとりで行ってみることにした。キベラスラムの風景はまさに一般的に想像される「スラム」そのもので、建物は掘っ建て小屋、ゴミはそのまま、道はドロドロといったありさまだった。真っ直ぐ行けと言われたものの、道がくねくねしているうえに同じような細い路地が無数にあるので、だんだんと方向感覚がずれてくる。時間が経つにつれて街が活動を始めて段々と人も増え、より一層混沌とした世界になっていった。

大声や物音が入り混じった喧噪のなかを、人々が色んな方向に行き交っている。路上にはさまざまな屋台が現れはじめ、朝食を提供していた。小腹が減ってきたことに気づいた僕は、通りがかった屋台で1個5円の揚げパンをいくつか頼み、目の前で揚げてもらった。熱々のできたてをその場で頬張っていると、周りの人々が僕をじろじろと見てくる。僕は慌ててポールの分の揚げパンを買って戻ろうとした。すると子どもたちがキャーキャー騒ぎながらついてくる。まずい……。脳みそをフル稼働させて来た道を思い出し、できるだけ速く歩いた。

やっとの思いで車に辿り着いたら、ポールときたら座席を倒してすやすや昼寝をしていた。僕が車に乗り込むと、ポールは眠そうに起きて、スラムの感想を聞いてきた。「落ち着かなかったし疲れたけど色々勉強になったよ。そういえば揚げパンが安かったから買ってきた！」ビニール袋に無造作に入っている揚げパンを渡すと、ポールは少し決まりの悪そうな顔で「サンキュー」と言っただけだった。

まだお昼前だったので、ナイロビ中心地に戻るのではなく東側にも行ってみようという話になった。というのも、ナイロビの東側こそ前日ポールが立ち入り禁止を告げた地域であることを僕は地図を見て把握していて、そこの様子も見てみたかった。今回ポールは車ということもあってか、行くことを拒まなかった。ひどい渋滞を抜け、ナイロビ東部のダウンタウンに入っていった。ダウンタウンは活気に溢れ、人でごった返していた。

そのまま東に進むと、さらにカオスな場所に出た。道は舗装されておらず、大小のバスが所狭しと無秩序に並んでいる。どこか中東を感じさせる景色で、中心地やキベラと比較すると、歩いている人はアラブ人のような顔立ちで服装もどこか違っている。路上に置かれている薄汚れたスピーカーからはけたたましい音が流れており、それは映画で見たルワンダのジェノサイドにおけるプロパガンダラジオを彷彿させた。

「ポール、ここは何てところ？　もしかしてスラム？」

僕が尋ねると、あの温厚で赤ちゃん顔のポールが、嫌悪感を丸出しにして吐き捨てた。

「ここはイスリー地区。ソマリア人が住む街で、テロリストの巣窟だ」

ソマリア？　テロリスト？　聞きなれない単語に反応した僕は「ソマリア人ってテロリストなの？」と尋ねた。ポールはため息をつくような顔で説明した。

「ソマリアはテロリストの国家で、そこから流れ出る難民たちがイスリー地区に来て住み着いているんだよ。事実イスリーはソマリアの過激派組織の拠点となっていて、武器や麻薬が取引されている。そしてあいつらはケニア人を殺すんだ」

ポールは車を道端に停車し、外を指さしてこう続けた。

「見てみろヨスケ、どこにケニア人がいる？　あいつも、あいつも、あそこの奴も、全員ソマリア人だ！　俺たちが受け入れてやっているのに、あいつらは逆にケニア人を追い出し続けてきた！　イスリーの隣にあるマザレスラムは、イスリーから排除されたケニア人が住む場所になってしまっているんだ」

ポールにしては珍しく声を荒らげたが、冷静に辺りを見回してみると、でこぼこの道路には露店で買い物をしたり立ち話をしたりしている人々がおり、ほかの場所で見た光景とあまり変わらないように思えた。この人たちは本当に「テロリスト」なのだろうか？　憤然としたポールは街の様子を凝視する僕を気にも留めず、強めにアクセルを踏んで中心街へと戻っていった。

帰国してからも、頭から離れない光景

宿へ戻ったあと、どうもイスリーのことが気になっていた。あそこがソマリア人難民の漂流地で「テロリストの巣」と言われても、簡単には消化できなかった。イスリー地区を歩いていた人々は、案外普通に生活しているように見えた。たしかに人種や服装の違いや混沌とした風景から、異様な雰囲気は感じたけれど、「テロリスト」というほど野蛮な

人たちなのだろうか？　ほかのケニア人は、ソマリア人のことをどう思っているのだろうか？

宿の受付のおじさんに、イスリーやソマリア人のことを聞いてみた。するとポールと同じことを言った。

「あいつらはダメだ。テロリストだぞ」

日本では聞き慣れない「テロリスト」という言葉を、一日のうちにこんなに何回も聞いたのは初めてだった。なんだか大きくて深刻なことが起こっていると、体全体でじんわりと感じた。

ケニアではほかにもいくつかの場所をポールと一緒に訪問した。郊外の孤児院で子どもたちと寝食をともにしたり、国立博物館でアウストラロピテクスの化石を見たり、田舎町にあるジブリの世界そっくりのリサイクルガラス工場など、どれもとても楽しかった。ナイロビ国立公園でのサファリ体験も新鮮で、寝ているサイに石を投げつけて起こしたのもなかなかスリリングだった。

だけど、どこにいても何をしていても、ふとソマリア人とイスリー地区のことを考えてしまう。何よりも、あのときのポールの表情と口調が忘れられなかった。

短いナイロビ滞在期間はあっという間に過ぎ去り、いつもそばにいてくれたポールに空港まで送ってもらった。そのときは軽い挨拶のつもりで「またすぐ来るから、そのときはよろしくね」と言って、僕はケニアをあとにした。

無事日本に帰ってきて、すぐにソマリアについて調べた。「飢饉」「内戦」「無政府状態」……グーグルの検索結果に表れたのは、どれも不吉な言葉ばかりだった。インターネットの世界では、ソマリアはこの世の終わりを具現化した国で「リアル北斗の拳」と揶揄《やゆ》されていた。

1980年後半に始まった内戦は熾烈《しれつ》を極め、1991年には政府が崩壊して無政府状態になった。国連と多国籍軍による武力介入も失敗、それ以降は泥沼化してしまい、世界最悪の紛争地のひとつであり続けている。国外へ流れ出た難民の数も推定100万人以上と極めて多く、多くの援助機関が難民への支援を訴えていた。隣国ケニアへ移った難民は約50万人と言われている。

イスリー地区に関しては日本語の情報がなかったので、英語で調べてみる。人口の90%以上がソマリア人で占められていて「リトル・モガディシュ」（モガディシュはソマリアの首都）と呼ばれており、ソマリアからの難民や移民が流れ着く場所だとわかった。

そして国連のホームページに書かれた文章に衝撃を受けた。それは7月にリリースされた声明文だった。

「ソマリアは現在、『世界最悪の人道危機の状態』から『想像もできない比類なき人類の悲劇』へと変貌している」

僕は、ようやく事態の深刻さをはっきりと理解した。ソマリアの動画や写真も見てみた。無政府状態を表している動画、銃撃戦の動画、数えきれない難民たちが必死に移動している動画、弄《もてあそ》ばれる遺体の写真、拷問・処刑の写真……。残酷さに激しい怒りを覚えながらも、どれもどこかで見覚えがあるものだと気がついた。それはルワンダのジェノサイド。つまり、いま、このときも、想像を絶する事態が現在進行形で起こっているのがソマリアだった。

こうして僕は、探していた世界――最も耐え難い「痛み」がある場所――を見つけた。

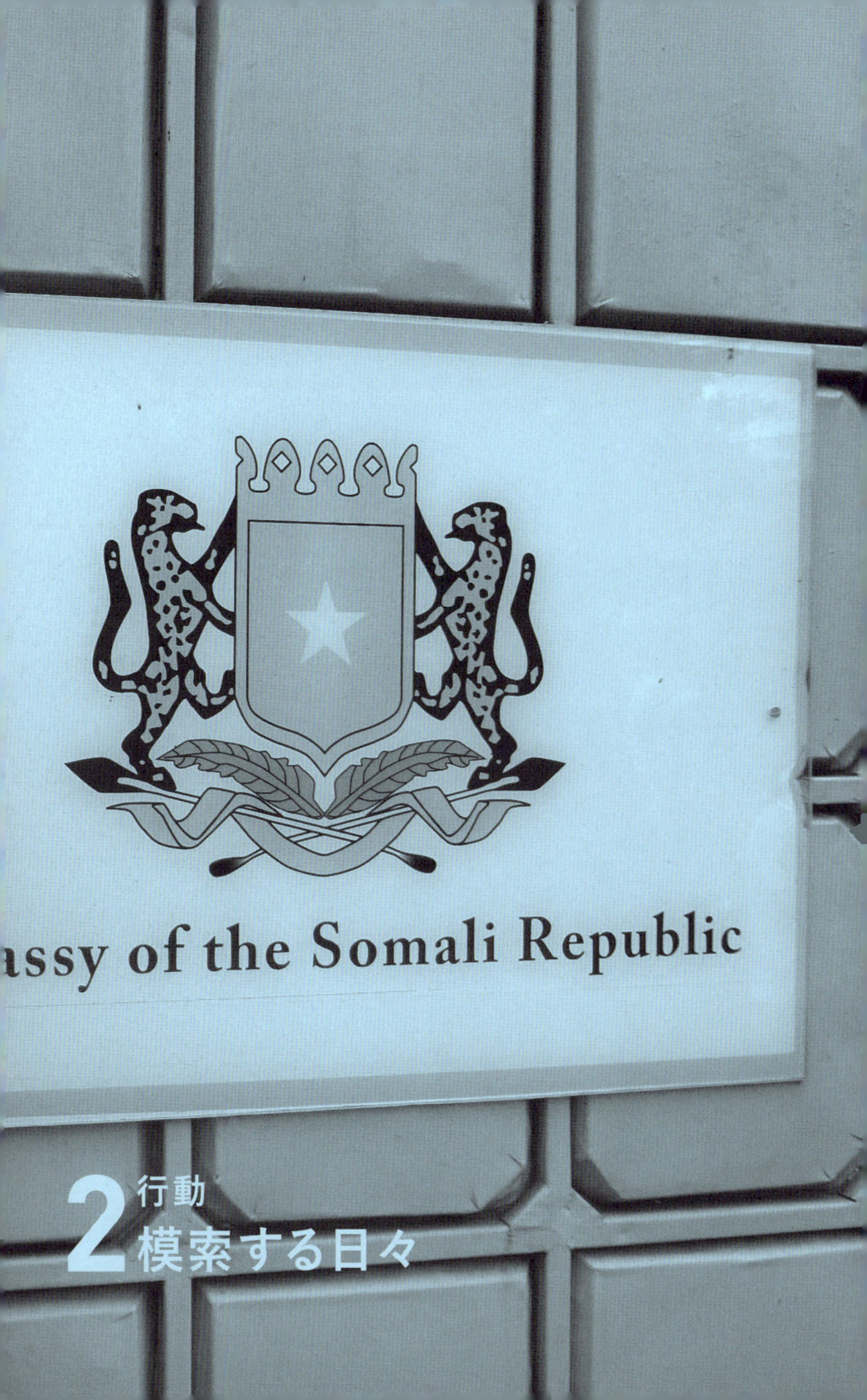

2 行動
模索する日々

Jama and Muna

どのNGOもソマリアで活動をしていない!?

「ソマリアに行くしかない」

ソマリアのことを知れば知るほど、僕はますますこう考えるようになった。ソマリアには、いまこの瞬間「痛み」に苦しんでいる人たちがいる。現地に行ってなんとか助けたいと思った。僕は大学に入ったばかりで授業もあるしバイトもしていた。それでも、ソマリアに関わることのほうが、ずっと重要なことのように思えた。

手始めに外務省の渡航安全情報を調べてみた。ソマリアの地図は真っ赤に塗られており、そこには「退避を勧告します。渡航は延期してください」の文字。ルワンダとケニアに行くまえにもそれぞれの渡航安全情報を確認したけれど、どちらもせいぜい「十分注意してください」程度だった。一瞬ガッカリするものの、少し考えれば当たり前の話で、尋常ではない状態だからこそ退避勧告が出ているのだ。

旅行という軽い気持ちではないけれど、危険なところにひとりで行くのはどうも心許ない。少し冷静になって、エアコンの効いた自分の部屋で柴犬をなでながらしばらく考えてみる。自分にはお金もないし、現地にコネもない……。それなら、すでにソマリアで活動している国際NGOに参加すればいいんじゃないか？　柴犬を抱っこしてパソコンの前に戻り、真っ赤に染まるソマリアの地図を閉じて、僕は再びキーボードを打ちはじめた。

意気揚々とはじめたNGO探しはすぐに行き詰まった。というのも、ソマリアについて飢餓や紛争などの人道危機の情報はたくさん見つかるけれど、NGOが現地で活動をしているという情報がちっとも見つからない。唯一見つけたのが〈国境なき医師団〉。激戦が続く最前線で、中立を保ちながら医療活動を展開しているらしい。プロフェッショナルな人々がその能力に見合う報酬を放棄して、世界で最も危険なところで懸命に人を救っている。気高い行為だと感じたし、僕には彼らがヒーローに見えた。「ぜひとも僕もその力になりたい！」奮い立った僕は、早稲田駅の隣にある国境なき医師団の事務所に電話をした。

「もしもし、えー、その、私、早稲田大学教育学部1年の永井陽右と申します。国境なき医師団がソマリアで活躍していることを知り、あの、ぜひ私も参加したいと思っているのですが……」

「お問い合わせありがとうございます。活動への参加希望とのことですが、ホームページに記載してあるように、大学生の受け入れやインターンなどは実施しておりません」

「そこをどうにかできませんか……？　何でも手伝います！」

「大変申し訳ないのですが、治安の問題もありますしそういうルールですので……」

現実は甘くない。医師でも社会人でもない僕には、国境なき医師団はまだ早かったようだ。こうなったら、日本にあるＮＧＯすべてに片っ端から聞いていこう。ちょうどそのとき、多くのＮＧＯやＮＰＯの団体が参加する国際協力イベントが開催されるという情報を手に入れたので、さっそく足を運んでみた。事前にどの団体がソマリアを視野に入れているかを調べていたので、お目当ての団体に突進する。

「あの、早稲田大学１年の永井陽右です。ソマリアでの活動についてお伺いしたいんですけど……」

僕の質問の応答を任された中年のスタッフさんは、決まりの悪い顔をして頭を掻きながら「ソマリアはね、治安の問題などで調整中なんだ」と言葉少なく申し訳なさそうに答えた。

「いつごろからソマリアで開始されるんですか？　僕もぜひ参加したいんです！」とグイグイ詰め寄ると、男性は「まだソマリアは目途が立っていないねえ……」と困ったように答えた。僕は僕でなんとなく気まずくなったので、大々的にアピールされている東南アジア地域での取り組みについて話題を変えたところ、待ってましたと言わんばかりに具体的な情報をたくさん教えてくれた。

結局、僕が話を聞きにいった団体は、ソマリア現地での活動をしていなかった。とにかく一度でもいいから現地に行ってその様子を知りたかった僕は、ソマリアでの取り組みがほぼゼロと知って気落ちした。

休憩がてら、会場を見てまわることにした。通りがかったアフリカのお土産を売っているNGOのコーナーがあったので、店番をしていた初老の男性にソマリアについて聞いてみた。

「ソマリアほど劣悪だと、誰も何もできやしないよ」

朗らかに笑いながら、アフリカに住む人がつくったらしい草でできた人形を勧められた。その愛くるしい人形を手にとってみると、まるでその人形が「お前にできることはないね」と僕をあざ笑っているように思えた。明確に反論することができない僕は、憤然とその人形を置いてその場をあとにした。

「大学生は行かないほうがいい」大人たちから諭される

国際協力イベントでも有力な手掛かりが得られなかった僕は、納得がいかず諦めきれなかった。同じアフリカで活動をしてきた人なら、ソマリアで活動する方法を知っているんじゃないか。そんな期待を持って、ケニア、ギニア、エチオピアで医療支援や教育支援などに携わった人たちを大学の教授から紹介してもらって、話を聞いてみることにしたのだ。

昔からケニアとエチオピアにはソマリア人がそれなりにいるらしく、会話はソマリア人と社会との関係から始まった。

「ソマリア人はね、なかなか社会と溶け込めていなかったよ。当時は混血も進んでいなかったし」

「たしかに言われてみると、彼らが外部の人間と関係を持っているのを、あまり見なかったような気がします」

その後、ケニアでの孤児院運営やコミュニティ開発、ギニアの農業支援などの話を聞かせてもらった。また、いかにソマリアに関与することが難しいかということを、治安状態を中心に説明された。

みなさん懐かしさが込み上げてきたらしく、楽しそうにそれぞれのアフリカの思い出話を語る。「永井君、ソマリアは難しいぞ！　ワッハッハ！」と笑いながら言われることも。僕もつられて冗談じみた調子で「いやでも僕はソマリアで頑張りたいんです！　比類なき人類の悲劇ですよ⁉　いまソマリアをやるべきなんです‼」と声高に主張する。2時間半ほど語り合ってお店を出ようとしたとき、その場で最も年長で穏やかな人から、ふと袖を掴まれた。彼は、僕の目をまっすぐ見て、僕だけに聞こえる声ではっきりとこう言った。

「永井君ねえ、いまソマリアに行ったら、必ず死ぬよ」

一瞬ひるんだ僕はなんとか気持ちを立て直し、「そうだとしても……どうにかして方法を考えます。考えなきゃいけないんです」と負けじと目をみて返答した。

後日、まだまだ納得のいかない僕は、紛争地の武装解除に携わっている人の講演を聞きにいった。会場の最前列に座り、話が終わるとすぐに、アドバイスを貰おうとその人のもとに向かった。

「あの、突然すみません！　早稲田大学1年の永井陽右と申します！　このままルワンダを訪れて、ジェノサイドの悲劇について勉強や議論をしてきました。そしてこれからソマリアをどうにかしたいと考えています。ソマリアにはいま何が必要ですか？　そして学生の僕にできることはなんでしょうか？」

「素晴らしい志ですね」

その人は、ニコリと笑い、優しい表情のまま続けた。

「まずは東南アジアなどの国で経験を積むといいでしょう。国際協力は知識と同じくらい経験が重要です。ソマリアのような厳しい場所で活動するには、たくさんの経験が必須なのです」

尊敬しているプロに「いまのお前じゃ無理」と暗に伝えられ、頭をガツンと殴られたようなショックが駆け巡る。それでも何か言わなければと質問や反論の言葉を探したけれど、僕の後ろには長蛇の列ができていた。何も言えない僕は恥ずかしさで顔を真っ赤にし、そそくさと撤退した。

連日のショックを少しでも和らげたくて、今度は自分が通う早稲田大学の教授に話を聞きにいくことにした。前期、その教授の国際協力・ボランティア関連授業を受講していた。なんたって僕はここの学生なのだ、厳しいことは言われないだろう。そう高をくくっていた。

「先生、いろいろな方々にお話を聞いてきたのですが、どなたも僕にソマリアに行くなと言うのです。しかしソマリアはまさに〝いま〟、深刻な危機にあって、来るかもわからない〝いつか〟にやるものではないはずです！　ソマリアでは深刻な人道危機が起きているけれど危険だからダメ、というならルワンダのジェノサイドのときと何も変わってないじゃないですか！　国際社会はまた人類の悲劇を見て見ぬふりをするのですか！」

僕はいつにもまして真剣な表情でそう言い放った。先生はふむふむと頷きながら僕の主張を聞いたあと、しみじみとした顔で返答した。

「でもね、永井君がソマリアに行っても邪魔なだけだし、何もできないわよ？　だってあなた、ただの学生で専門知識も経験もないでしょ？　そういえばおまけに英語も苦手ね。ソマリアはそんな人、求めていないわ」

脳天を撃ち抜かれた僕は「○×$#◎★△!!」と声にならない叫びを心の中で発しながら、「もう少し考えてきます……！」と呟き、その場をあとにした。

ソマリアには、誰かがい、ま、す、ぐ、にどうにかしなければならないほどの痛みがある。そのことはよくわかっているのに、僕はそのソマリアに対して何もできていない。それどころか、何ができるかさえもわかっていない。こんなにソマリアのことばかり考えても、いろいろな人に話を聞いても、糸口すらつかめない。僕はいらいらしていた。国際協力に興味があるのならと、友だちから東南アジアで学校を建てる活動をしている団体に誘われたこともあった。でも、ソマリアのことを考えながら東南アジアで学校を建てるのなんてまっぴらだ。いまソマリアを諦めたらあとになって絶対に悔やむときがくる。僕は誰でもいいから人のために何かをしたいというわけではなく、あくまで「想像もできない比類なき人類の悲劇」であるソマリアにこだわりたかった。

なにかヒントを探すべく、今度は本を頼って、大学の図書館で国際協力の棚を眺める。そこで手にとったのが、国境なき医師団に携わってきた山本敏晴さんが書いた本だった。どの本も直接ソマリアについて書かれていたわけではなかったけれど、まるでソマリアを諦められずに悩む僕の気持ちを知っていて、アドバイスをしてくれているようだった。山本さんの言葉で、いまでも迷いそうになる度に思い出すものがある。

「『本当に意味のある国際協力』とは、自分がやりたいことをやって『自己満足にひたる』のでも、自分に専門性があることをやるのでもなく、『それ』が必要なことであれば、自分がどんなにやりたくないことでも実行し、専門性が必要ならそれを身につけていこうと努力してゆく、『姿勢』を言うのである」

これだと思った。ソマリアが好きだからやりたいとか、何か専門性を持っているから活用しようとかじゃないんだ。僕は、ソマリアに行ったこともなかったし、専門性なんてまったくなくて、英語が大嫌いな大学1年生だった。でもソマリアでは、たくさんの人が想像もできないほどの痛みを抱えている。つまりその「痛み」をなくすことが必要とされているのに、少なくとも日本から誰もアプローチできていない。助けが必要だと理解しているのなら、その問題に立ち向かうことこそが僕がとるべき行動で、その目的のために、何でもやればいい。そう自分を奮い立たせたときには、もう頭の中に迷いや悩みはなかった。このとき僕は、確かに腹をくくったのだ。

わずかな望みをかけて、ソマリア人紛争孤児を待ち伏せ

ほとんどのNGOがソマリアで活動していないという現状と、ただの学生である僕には価値がないという実情に直面した僕は、それでも諦めずソマリアにアプローチする方法を必死に調べていた。そしてあるとき、インターネットでひとつのニュース記事を見つけた。「ソマリアの遺児2人が早大合格」というタイトルだった。驚きのあまり一瞬思考が止まったが、すぐ我に返って記事を開いてみる。なんと我が早稲田大学に、ソマリア人の紛争孤児の兄妹が、あしなが育英会の支援を受けてやってくるというのだ。

さっそく大学に連絡先を聞こうと問い合わせてみたが、「個人情報なのでその類のご依頼は承りかねます」の一辺倒。あしなが育英会に連絡してもおそらく同じ対応を受けてしまうだろう。ということは残る選択肢はひとつだけ、ずばり待ち伏せだ。その兄妹が国

際教養学部に合格したことは記事からわかっていたので、記事に載っていた写真を頼りに、国際教養学部が入っている11号館で張り込むことにした。

大きな11号館は出入口が少なくとも4つあり、しかも常に人でごった返している。一番大きな出入口前にはテーブルとイスがいくつか並べられたスペースがあるので、そこで休憩しているふりをして待つことにした。いかにも待ち伏せしているように見えるのはどうにもかっこ悪い、というくだらない見栄もあった。あくまで自然体で待ち、知人のように軽やかに話しかけるのだと決めていた。

しかしいくら待っても現れる気配はない。人が出てくるたびに出入口に目をやるが現れず、別の出入口に移動してみても現れない。結局張り込みをしはじめて5日経っても、兄妹を見つけることはできなかった。6日目、バイトに行く時間が近づき今日もだめか……と11号館をあとにしようとしたとき、ベンチに座っている見かけない2人組を見つけた。ひとりはカラフルなヒジャブを全身に纏《まと》った幼い顔の女性で、もうひとりはやけに細長い体型の男性だった。はっきり顔を確認できなくても、彼らがソマリアからやってきた2人だと確信した。その瞬間に足が動き、僕は駆け寄った。

「ヘイ！　マイネームイズ ヨスケ！　アイウォント トゥー ヘルプ ソマリア！（やあ、僕の名前はヨスケ！　ソマリアを助けたい！）」

ぎこちない笑顔で話しかけ、握手しようと手を差し出した。2人はきょとんとした顔。

そのときの英語力（特にスピーキング）は簡単な日常会話はなんとかできたものの、複雑な話題について十分な意思疎通ができるほどではなかった。だからこそ、伝えるべきことはすべて事前に英文で用意しておいた。僕は数十時間過ごした11号館出入口前のテーブルとイスに2人を招き、そこでありったけの熱意をぶちまけた。

「ソマリアはいま世界で一番ひどい場所だ。それなのに、ほとんどの人々が見て見ぬふりをしている！　僕はソマリアをどうにかしたい。ソマリアを助けたい。そのために協力してほしい。一緒に世界を変えよう！」

熱意滾《たぎ》るプレゼンが終了したあと、少しの沈黙を挟み、2人は唖然とした表情で「ワォ……」と呟いた。そして、すぐに兄のアブディが、「オフコース！　サンキューヨスケ！（もちろん！　ありがとうヨスケ！）」と拍手して喜んでくれた。妹のサミラもニコニコしながら拍手。一呼吸置いて、アブディが真面目な顔で話し出す。

「こんなことを言ってくれた人は初めてだ。ありがとうヨスケ。一緒に世界を変えよう。僕は将来ソマリアの大統領《プレジデント》になるから、ヨスケは大使《アンバサダー》かな！　よろしく、ミスターアンバサダー！」

「どういたしまして！　ミスタープレジデント！」

僕は元気に返し、あらためてアブディと固く握手をした。

お互いそんなに英語がうまくないということがわかったので、僕らの距離は一気に縮まった。アブディは隣にあるファミリーマートでフライドポテトとフライドチキンを買ってきて、僕に振る舞ってくれた。兄妹はこれまでの経緯を僕に語ってくれた。

ソマリアの中部に生まれ、首都モガディシュへ移動し、その後ケニアの首都ナイロビに避難したこと。元スポーツ大臣の父親は自爆テロ攻撃を受けて亡くなり、田舎にいる親族は干ばつと飢餓の被害に苦しんでいること。そして避難先のナイロビには大きなソマリア人コミュニティがあり、彼らはそこでソーシャルワーカーとして活動していたということ。

まずは仲間を増やしたいと相談する僕に、アブディはナイロビで自身が所属していたソマリア系NGOについて詳しく話してくれた。「メンバーはみんなソマリア人の若者で、ソマリアを変えようと本気で活動している。ヨスケの熱意はきっと伝わるはずさ。彼らと協力することができれば色々なことができるようになる!」とアブディは言い、〈インパクト・コミュニティー・オーガニゼーション〉、通称ICOという現地組織に僕を紹介してくれることになった。ICOはイスリー地区に暮らすソマリア人の若者たちで構成されており、ほかの組織と協力してソマリア人を対象にリーダーシップ育成やドラッグ対策などのワークショップをおこなっているらしい。こうして僕の次なるミッションは「ICO

を仲間にすること」に決まった。

仲間を集めてファミレス会議

アブディがICOのメンバーとのミーティングを調整してくれ、僕はパソコンの前でそのときを待っていた。ミーティングは無料インターネット通話ができるスカイプを介しておこなわれる。スタートは日本時間の夜9時。言いたいことをすべて英文にして用意していた僕はそれなりに自信を持っていて、「いつでもこい」と勇者のような気持ちだった。

しかし夜9時を過ぎても彼らが登場しない。9時20分ごろに彼らにメールをしてみると「もうすぐ！　あと5分で着くよ！」とのこと。いやはや途上国はネットアクセスが悪いなんてことはよくわかっている。「OK！　待ってるよ！」と返信をしてパソコンの前に鎮座する。

10時を過ぎたころ、しびれを切らした僕は「ヘイヘイ！　いまどこにいるの？　待ってるよ！」ともう一度メールをした。10時40分ごろに来た返信には「心配いらないよヨスケ！　もう着くところよ！」とのこと。暇を持て余す僕は、自分自身や日本の紹介文まで英語で用意してしまったので、十分すぎるくらいに準備ができていた。

時刻は午前0時になった。僕が半ば諦めかけて柴犬とともに漫画を読んでいたころ、スカイプの着信音が大音量で鳴り響いた。聞きなれない音に僕も犬も驚いたが、僕はパソコンの前に大急ぎで移動して通話ボタンを押した。

「ハロー？　私はムナ・イスマイル・アブディ。あなたはヨスケ？」

はきはきした、陽気な女性の声が聞こえた。向こうの回線が遅いので通話のみだ。ICOの代表を務めているムナは、アブディによると、アラブ首長国連邦できちんとした教育を受けた聡明なリーダーだそうだ。

「イ、イエス！　初めまして！　お話しできて光栄です。僕の名前はヨスケです！」

僕がそう答えると画面からはクスクスと笑い声が聞こえ、「ヘーイ！　ヨスケ！」「ハロォォ〜？」など別の声が続いた。ICO側は代表のムナのほかに、ジャマ、ハッサンなどの幹部も来ていたのだ。どうやらインターネットカフェのような場所からスカイプをしているらしい。ムナは「ねえねえ！　日本とつながっているわ！」と周囲の人に言いふらし、その辺にいる関係なさそうな人も「ハロー？　私はアブドラヒ、ソマリアから来たよ」「ヘイ！　ヨスケェ！　僕はモハメド……」など勝手に挨拶をしてきてくれる。大変温かくて嬉しいけれど、その音量というかノイズは凄まじく、僕の声は無情にも彼らの話し声によってすべてかき消されていた。

尋常じゃない騒音のなかどうにか会話を続けた。

「ヨスケ、あなたがソマリアに興味を持ってアクションを起こしたいと言ってくれて、本当に嬉しいわ」

「いえいえ、それはまさに僕のセリフで、ただの学生である僕をこんなに受け入れてくれて本当に嬉しいです」

「日本人たちと一緒に何かアクションするのが本当に待ち遠しいわ！ 私たちＩＣＯの団体概要のファイルをあとで送るから読んでみてね」

「ちょっと周りがうるさくてあまりよく聞こえないけど、ＩＣＯのファイルを見るのがいまから楽しみです！」

「えっ、聞こえない？ ちょっと待ってね」

そう言って席を離れた直後「ちょっとあなたたち、うるさいわよ！ いま通話中だから静かにしてくれないと！ 関係ない人は離れて！ ほら早く！」と早口で怒鳴る声が聞こえた。

「ヨスケ、静かになったでしょ？ 心配いらないわ」

「さすがです！」

〝ムナさん〟というより〝ムナ姉様〟だな、としみじみ思った。

「ヨスケ、日本にはほかに何名のメンバーがいるの？」とのムナの質問に、「いや、まだゼロです！」と笑いながら僕は答える。「えっ？」と驚き固まるＩＣＯ側の様子を感じて僕も「えっ？」となる始末。

「ヨスケ、さっさとメンバーを集めるのよ！　具体的にどう協力していくかはメンバーが集まり次第よ！」

ムナ姉様の主張がこの日のミーティングの結論となった。毎週今日のようにスカイプでミーティングをすることを決め、「今度からは遅刻は1時間以内に抑えてくださいね」とリクエストも伝えておいた。ＩＣＯ側は「オーケーオーケー（笑）」と陽気な返事をし、深夜2時を過ぎたころに記念すべき第1回目のミーティングが終了した。

ＩＣＯ側からの要求通り、僕は仲間を探すことにした。ソマリアへの活動に関心を持ってくれそうな人や、7割がノイズを占めるスカイプでの会話をなんとかこなせる英語力を持っている人が必要だった。

ソマリアに興味がある人には数人心当たりがあった。まず、前期の「平和構築入門」という授業で同じ班だった国吉大将《たいしょう》。沖縄出身で甲子園2連覇を経験している彼は、その班での発表でソマリアをテーマにしていたのだ。発表の素材はすべてウィキペディアという潔さで教室に失笑の渦を巻き起こした彼だが、なんにせよソマリアについて興味を持って自分で調べたことに変わりはない。あいつなら確実に興味を示すはずだ！　さっそくメールで大学に呼び出して提案をしてみた。

「ソマリアの団体をつくってソマリアをどうにかしよう！　ソマリアは一番ひどい状態なのに誰も何もやれていないし、何より僕はソマリアを無視したくないんだ！　大将はソマリアについて調べてたし、一緒にやらない？」大将は「おお、いいね！」と二つ返事で快諾してくれた。

　次に英語要員として目をつけたのは、僕と同じ学科の友人、黒田早紀だった。彼女は中国のインターナショナルスクールで高校時代を過ごしたので、英語と中国語を操ることができるのだ。学科の必修授業が終わったあとを見計らって、11号館前のベンチに連れていった。そこはソマリアから留学してきたアブディとサミラを口説いたあのベンチだ。

「ソマリアを救うために君が必要だ！　やるぞ黒田早紀！」しかし彼女は「え、アフリカは嫌だ」とニヤついた顔で一蹴。「アフリカ危ないとか関係ないって！　能力があるんだから活かしていかないと世界の人々に面目立たないぞ！」と詰め寄ると「まぁ、メンバーにはならないけど手伝いはしてあげよう」とケラケラ笑いながら言ってくれた。

　僕たちは大学の近くにある激安ファミリーレストランを拠点とし、定期的にミーティングを開いた。ドリンクバーとパフェで長時間粘れるからだ。ＩＣＯと今後どのような連携が可能か作戦を練った。ミーティングには時々アブディとサミラも来て、好物のシナモンフォカッチャを食べながら、日本人にはわからないソマリア特有の文化や風習、そしてナイロビのソマリア人ユース事情などを僕らに共有してくれた。

たとえばソマリアは氏族社会で、血縁関係や上下関係を非常に大切にするので〝面子〟をつぶさないようにしないといけない。「氏族」とは「同じ祖先を共有する、あるいはそのように信じている血縁関係にもとづくグループ」を指す。言語や地域集団で区別する「部族」と異なり、ソマリアでは血縁関係が重視され、紛争の原因のひとつにもなっている。

また、ナイロビにはＩＣＯ以外にも小規模ながらユース団体がいくつかあり、宗教や平和などさまざまな分野で連携しているそうだ。

実は、ＩＣＯとはそれまでに何度か連絡をとっていたが、ムナには毎回、いまの状態では協力できないと言われていた。僕は、彼らが僕たちと協働することの意義や可能性を感じられるほどの、しっかりとした土台を必要としていることを理解していた。つまり、具体的な組織を確立することが求められていたのだ。

「ま、なんにせよ、ほかにやっている人もいないけど僕ひとりじゃ難しいだろうし、ＩＣＯを仲間にできるような団体を立ち上げようか！」

2人から異論は出なかった。団体を立ち上げるなら名前が必要ということで、僕らは検討に取り掛かった。

ICOが可能性を感じて納得してくれるような組織にしなければならないことを踏まえると、どストレートで真剣な名前が良いと以前から思っていた。

『日本ソマリア〇〇』ってのにしない？ 名前を見たら誰でも中身がわかるような名前にしたいんだよね」

という僕の意見は2人から同意を得たものの、そのあとの表現をどうすべきか僕らは悩んだ。

「日本ソマリア……うーむ……」

「日本ソマリア学生会議は？」

「うちは会議する団体じゃあない！ アクションするんだ！」

「じゃあ日本ソマリア学生協力隊？」

「JICAの青年海外協力隊みたいだな……」

「てか、そもそもうちらのカウンターパートのソマリア人って学生なの？」

「いや、誰も学校に行ってないね」

「そしたら学生じゃなくて青年のほうが適切だね」

「日本ソマリア青年……ここまでいいんじゃない？」

「日本ソマリア青年……」

みんなで脳ミソを絞ってみてもなかなか決まらない。あれこれみんなでアイデアを出し合ううちに、閃いた。

「機構！『日本ソマリア青年機構』！これでいこう！」

僕が大きな声でそう叫ぶと、大将と早紀はジュースが入ったコップを上にかかげ、「賛成！」と言った。このとき、僕らの果てしない旅が幕を開けた。早紀は、まだソマリアの問題に立ち向かうだけの覚悟も責任感もないということで、正規メンバーになることは辞退したが、できる範囲で手伝ってくれることになった。

「Realization＝理解と現実化」大切な言葉を教えてくれた人

２０１１年9月にスタートしたＩＣＯとの粘り強い交渉は11月ごろにようやく実を結び、ＩＣＯのメンバーたちは僕らに協力することを表明してくれた。

交渉の中心となった論点は、お金の使い方だった。ＩＣＯ側は日本側がプロジェクト資金を出すべきだと主張していた。しかし僕は、学生である日本人メンバーに大したお金はないので、すべてをまかなうのは難しい、お互いにお金を出し合うべきだと主張していた。

結局のところ、今後しっかり助成金などを獲得していくことを前提に、「日本とソマリアの若者だからできること」を模索し、実現していこうという結論に落ち着いた。しかも、彼らは自分たちのICOという団体を解体し、メンバー14人全員が日本ソマリア青年機構のソマリア人メンバーになると言ってくれた。そのほうがお金の面でもメリットがあると考えたかもしれないが、ICOにとって大きな決断であることに違いなく、僕は素直に嬉しかった。並行して僕と大将が知り合いを口説き、日本人メンバーは5人になっていた。次のステップは、日本人メンバーとソマリア人メンバーをつなぐ団体の理念を決めることだった。

僕らに共通しているのは「ソマリアの人々を救いたい」という気持ちだ。ただ、医者でも富豪でもない僕らにどれほどのことができるのだろうか、日本人とソマリア人の関係性やお互いの理解についてはどのように考えるべきなのか、僕らはお金という問題をどのように捉えるべきなのだろうか。日本人メンバーのなかでも意見が分かれ、ソマリア人メンバーとのミーティングでもなかなかまとまらない。ソマリア人メンバーからは、日本人メンバーは資金集めだけに注力すべきだという意見がたびたび出た。

「プロジェクト資金のために協力をするのは間違っているし、もしそれをしたいのなら学生ではなく大人とやるべきだ」と主張する僕に対し、ソマリア側の代表のムナからは「お金を使わないのなら、私たちは日本人との協力のどこに意味を見出せばいいの？」と厳しい意見が返ってくる。結局のところ、僕たちはソマリアのために、何ができ、何をしなければならないのだろうか。真っ暗闇のなか、遠くに見える光を目指して進んできたけれど、その小さな光が消えそうになっていた。

数日間、僕はひとりで自問自答していた。「僕らができること……」ある日、家でいつものようにブツブツとつぶやきながら、部屋の天井を見上げていた。柴犬が廊下から不思議そうに見ている。いい案が思いつかず、溜息をついてパソコンに目を落とすと、1本のメールが届いていた。英語の担当教授の中野葉子先生からだった。

「永井君、調子はどう？　ルワンダとケニアは楽しかった？　私の高校時代の友人でアフリカで活躍している坂田泉という人がいるから紹介するわよ。話聞いてみれば？」

坂田泉さんは建築家で、ケニアの社会問題を解決するためのさまざまなプロジェクトをおこなう〈ＯＳＡジャパン〉の代表を務めている方だ。英語が大の苦手だった僕は、アフリカに行くまえに中野先生によく相談していた。それを先生が覚えていたらしい。中野先生の優しさに感動しつつ「ぜひお会いしたいです！」と返信すると、「了解。永井君のことは事前に伝えてあるから連絡してみて！」と連絡先を教えてくれた。

待ち合わせ場所のカフェで坂田さんを待っていると、向こうから黒ずくめの男性が現れた。上から下まで真っ黒な服装で少し驚いたけれど、これまた黒いメガネが知的さを醸し出していた。坂田さんは僕の隣に来て「永井君？」と、想像をはるかに超える優しい声と柔らかな表情で声をかけてくれた。中野先生の授業について雑談をしたあと、僕はソマリアの問題に立ち向かいたいこと、いま悩んでいること、困っている人を救う方法は何かなどを赤裸々に相談した。坂田さんは僕の話を聞きながら、パソコンでもノートでもなくスケッチブックのようなものにメモをとり、その傍らになんだか抽象的な絵や図形を描いていった。僕が一気にしゃべり終えると、「うん」と一言だけ言った。少しの間を挟んで坂田さんが口を開いた。

「永井君に僕が一番大切にしている言葉を教えてあげよう。それは『Realization』という単語。これには〝気づく〟という意味と〝現実化〟という2つの意味がある。日本人に何ができるか、ソマリア人に何ができないか、どうやって助けるか、それらを先に考えてしまってはもったいない。まずはお互いが気づき合い豊かな関係性を築くこと、そこにはまさに無限の可能性がある。そしてそのなかにある何かを丁寧に形にする、そのRealizationがお互いの原点になれば、それ以上に素敵で有意義なことはないと僕は思っているよ」

「Realization」を教えてくれた建築家の坂田泉さん。
僕らの活動をずっと温かく見守ってくれている。

坂田さんはカバンからアルバムにしまわれたいくつかの絵を出して見せてくれた。

「技術指導の仕事で僕が初めてケニアに行ったとき、永井君と同じように悩んだ。そこで自分で何かを決めつけて目的化するまえに、realize するべく路上で現地の人々をスケッチしてみたんだ。それがいまでも大切なものになっている」

坂田さんの言葉は、僕が求めていた具体的な方法論とは正反対のものだったけれど、すんなりと理解することができた。

このとき僕は、3カ月前に訪れたルワンダでのできごとを思い出していた。当時はルワンダの学生と交流する団体に属していたが、現地に行ったときに、活動の根本を問い直す議論が持ち上がった。それは、「貧しい田舎の農村にヤギを寄付すべきかどうか」という問題で、団体内で意見が割れた。事の発端は、カウンターパートであるルワンダ国立大学の学生たちから投げかけられた「会議だけではなくて、アクションをしろ。そうでなければルワンダ側は活動に参加することは難しい」という主張だった。ニーズがあるならアクションをしたいと思っていた僕はもちろん寄付に賛成だったが、反対派も多かった。

「何か〝してあげたら〟対等な関係が崩れてしまう」

「本当にヤギが必要なのか」

「誰がそのヤギの面倒を見るのか」

「もし十分な議論のないまま実施したら〝相互理解〟が崩れるのではないか」

議論はどこまでいっても平行線で時間切れとなり、僕らは納得できる答えを見出せないまま何らかのアクションはしておこうという結論に至り、貧しい田舎の村に行って、ヤギを寄付した。そして村人たちからは、お礼に大量のヤギ料理が振る舞われた。

その団体は「対等な関係」と「相互理解」を理念に掲げていた。しかし、ルワンダの学生たちが求めていたのは、対等な関係や相互理解を築くことよりも具体的な「アクション」だった。しかし、ヤギの寄付というアクションは、結果的に村人たちの助けにはならなかった。それならあのとき、部外者である僕らはどうすれば良かったんだろうか。苦笑いをしながら食べたヤギ料理の味とともに何度も思い出し、繰り返してきた葛藤だ。


坂田さんの言葉を聞いたとき、この葛藤から抜け出す道筋が見えた気がした。気づき、理解し合い、そのうえで何かを形作る。対等な関係を築いたり、理解し合ったりすることが目的なのではないし、ただ闇雲にアクションをするのとも違う。ここに違和感はひとつもなかったし、何より無限の可能性を感じた。

「坂田さん、感動しました。僕も坂田さんのような人になりたいと心から思いました。僕も『Realization』を大切にしてもいいですか？」

「実は『Realization』という言葉は、僕も永井君と同じように、遠い昔に教わった言葉なんだ。今度は僕が永井君に引き継ぐ番だね」

坂田さんは、朗らかに答えた。

帰宅後ムナに連絡をし、団体理念として「Realization」という単語はどうかと提案してみた。この単語に込められた意味の重要さ、ソマリア人メンバーも日本人メンバーも簡単に理解できる英単語だと感じたムナは「OK！　私たちにふさわしいわ！」と言ってくれ、メンバー全員からの支持も得ることができた。一度は消えかけた光が再び戻ったような気がした。僕らは前を向き、走りはじめた。

まずは現地だ！

こうして決まった団体の理念「Realization」を軸に、僕らは活動に専念した。2011年の冬はあっという間に過ぎ去っていった。毎週1〜2回、早稲田大学の教室で3時間半ほどのミーティングを開くことにした。まずはソマリアをしっかりと知らなければ何も始められないということで、毎週ソマリアに関する勉強会を実施した。1ページ読むのに30分以上かかる英語の文献や、何を言っているのかさっぱりわからない英語のドキュメンタリー番組にも挑んだ。

改めてわかったのは、ソマリアの問題は想像以上に複雑だということだった。たとえば大飢饉の原因を考えてみると、記録的な干ばつだけではなく、食糧価格の上昇、政府内に蔓延する汚職、アルシャバーブなどの反政府武装組織による食糧援助の妨害などが考えられる。さらに、危険な地域にアクセスするために高額のお金や賄賂を払ってしまったり、援助物資のほとんどが被害者のもとに届く前に消えてしまったりするような緊急人道支援や、国際社会の消極的な態度が問題を厄介なものにしていた。また、それぞれの要素が絡み合っており、一言で説明するのが非常に難しい。

僕らは勉強会で出た情報をもとに、学生として何をするべきか、何を考えるべきかを議論した。日本での啓発活動や国際機関への寄付なども活動案として出てきたが、「僕らだからできること」なのかというと、そうは思えなかった。

また、定期的にアブディたちやソマリア人メンバーともミーティングを開き、お互いの意見を交換し合った。ソマリア人メンバーは、ICOの既存プロジェクトをベースとしたものを日本人が集めたお金でやるという案を提示してきたものの、日本人メンバーとしては前々から主張してきたとおり、それは学生のやるべきことではないと譲らなかった。

ムナ姉様も負けない。

「じゃあ日本側は何ができるの？　私たちはきちんとしたプロジェクトがあってすぐにでも実行できるわ」

ほとんどのソマリア人メンバーが身元不詳なのだけれど、前に述べた通りムナはしっかり教育を受けていて、能力と社会的地位が高い（２０１６年現在では在ケニアカタール大使館で働いている）。彼女がお得意の超早口で自信満々に意見を述べると、それだけですごく説得力がある。

「それはですね！　まさにいま考えているところでして……。でも、思うに、絶対にあるはずなんだ。たぶん、すぐに思いつくことができるよ……たぶんね」

僕はしどろもどろに答えるのが精いっぱいだった。ただ、僕は単にお金を出すだけでなく、日本人とソマリア人の若者が一緒になってできる「行動《アクション》」があるはずだと考えていた。大人が得意なことではなくて、若者である僕らにしかできないことをなんとかして見出したかった。

「それじゃあ、早いところそれを考えて共有してほしいわね」

口調は厳しいけれど優しいムナ姉様は、僕らのアイデアを気長に待ってくれるようだった。

そんなやりとりのあと、ムナ姉様から「そういえば、ヨスケたちはいつこっちに来るの？」と素朴な質問がきた。はやる気持ちを抑えながら聞いてみる。

「いますぐにでも行きたいんだけど、治安の問題があってさ。何かアイデアある？」

「ガードマンを2人雇うわよ！　それに地域のボスを同行させるから問題ないわ！」

僕らは「さすがムナ‼」と口を揃え、春休みになる2月か3月中に、ソマリア人メンバーがいるケニアのイスリー地区へ行くことに決めた。

期末テストやレポートの提出が終わるころ、もう出発の日は差し迫っていた。現地での宿を確保しなければならなかった僕は、大阪大学でスワヒリ語を学ぶ友だちに現地に知り合いがいないか聞いてみた。紹介されたケニア人のマイケルは日本が大好きで、日本語を少し話せる。連絡してみると挨拶もそこそこに、マイケルは日本の調味料のストックが底をつきそうだと悲しみはじめ、最終的に「お好み焼きソースとマヨネーズを買ってきてくれたら実家に泊まっていいよ」という契約に落ち着いた。ソマリア人メンバーとは、マイケルの実家近くにあるカフェで待ち合わせることにした。

今回の渡航目的は「活動内容を決め、活動理念を再確認する」だったので、情報収集とニーズ調査をおこなうべく、現地のソマリア大使館やＪＩＣＡ事務所の訪問、大学教授との面会など約2週間の予定を組んだ。２０１2年3月、僕たちは日本ソマリア青年機構の

第1回渡航活動に挑んだ。

日本から23時間。ケニアの首都ナイロビに降り立った僕ら4名を待っていたのは、待ち合わせ時刻に誰もいないという事態だった。僕は前回ひとりで来たときのことを思い出して「またか」とため息をつき、ほかのメンバーがオロオロしているのを横目に通行人から携帯を借り、とある人物に電話をかけた。電話でのたどたどしいやりとりを無事に終えることができた僕は、過去最大級のドヤ顔で「もう迎えが来る。行くぞ!」とみんなに告げた。

迎えに来たのは、半年前にナイロビを案内してくれたポール。まったく変わらない赤ちゃん顔は、みんなからも大好評。

「ポール、僕はソマリアをどうにかすることに決めたんだ。仲間もいる。今回はイスリーにたくさん行くから覚悟しといてね!」と僕がかっこつけると、「ワーオ! ヨスケ、お前はクレイジーだね! オーケー!」とゲラゲラ笑いながら出発した。

空港から車を走らせること50分、ソマリア人メンバーと待ち合わせをしているカフェに着いた。僕たちがそのカフェに入ると、遠くでニヤニヤ笑っている3人の男女がいる。やけに背が高い女性とずんぐりむっくりの女性、そしてクッキングパパのようなガハハ系な大男。よーく目を凝らすとどこかで見たことがあるような顔立ち……。

「ヘーイ！　ヨスケ！　よく来たわね！　会えて本当に嬉しいわ‼」とスリムで長身の女性が第一声を発した。スカイプでさんざん議論し合った、あのムナ姉様だ。やたらムチムチしている女性はジャマ、笑顔が気持ちいい大男はハッサン。スカイプでムナの後ろから意見を言っていた2人は、「ウェルカム！　ジャパンメンバー！」などと喜んでハグしてくれた。僕は「ああ、こんなことが本当に起こるんだな……」とひとりで感動と嬉しさを噛みしめていた。

僕らは席に座り、おいしいドリンクを飲み、ウンザリするほど写真を撮って、色んなことを語り合った。日本にいたとき、ソマリア人は排他的で冷徹だなどと忠告されていたけれど、いざ会ってみるとまるでそんなことは感じない。もしそうだとしても、日本人メンバーをこんなにも迎え入れてくれたことが本当に嬉しかった。今回の渡航のスケジュールを確認したあと、僕らは解散した。その夜は、日本人メンバーみんなで一日の感想やこれからの予定を話しているうちに、いつの間にか眠っていた。

それから数日間、ＪＩＣＡ事務所や援助関係機関の訪問をすませたのち、僕らはイスリー地区へ向かった。イスリー地区へはダウンタウンから「マタツ」と呼ばれる小さな乗合バスを使う。マタツはケニアで最も一般的な交通手段なのでときどき見かけてはいたものの、イスリー行きのマタツはずいぶんと様子が違う。まずバスそのものが非常によろしくない。外見がど派手で暴走族を思わせる。そしてすこぶるデカい。バスの中は暗く、蛍光ランプが怪しく灯っていて、超爆音でラップやレゲエがかかっている。日本人だけではまず乗ることがためらわれる雰囲気だ。

そして、麻薬をやっているかのように異常なほどハイテンションな男たちが、バスをこれでもかと手で叩きながらバンバンと音を出し、客の取り合いをして自分のマタツに客を強引に詰め込んでいく。「エー！ イエイエイエイエー！ ヘイ！ ヘイ！ ヘイ！イエー‼」という大声が近くなったと思った瞬間、僕は腕を掴まれ強引に引っ張られていた。頼りの綱のソマリア人メンバーたちは、先にバスに乗り込んで座って、ニコニコしながらこちらを見ている始末。なんとか全員がバスに放り込まれたときには、すでに心身ともにくたびれてしまい、日本人メンバーのなかで唯一女性の篠崎薫（通称シノ）は硬直しながら「もうキツイかも」と呟いていた。客引きの男がバスに飛び乗り「イエイエイエイエイエイエオオオーーー！！！」と叫ぶと、イスリー行きのマタツは爆速で出発した。

地獄のようなドライブの最中、薄ら気になっていたことをムナに聞いてみた。

「ムナ、以前ガードマン2人雇うって話になったよね？ 彼らはどこにいるの？」

「あら、ガードマンをつけていたら逆に目立つから、今回はなしにしたわよ？」

「えっ？」

ソマリア人メンバーと初の顔合わせ。
左からハッサン、ムナ、シノ、ジャマ、僕、たっつー、大将。

ナイロビ庶民の移動手段「マタツ」。派手な塗装を施し、
爆音のクラクションと音楽を奏でながら市内を疾走する。

「えっ?」

想定外の事態にいることに気づき、焦燥感が募る。何気なく斜め前に目線を向けると、マイペースでいつも村上龍を読んでいる日本人メンバー髙木巽（通称たっつー）が気持ちよさそうに寝ている。窓際に座っている大将は外を眺めていて、ソマリア人メンバーたちはケータイに夢中。この先どうなってしまうのだろうかと絶望しているうちに、僕らを乗せた暴走バスは土煙を切り裂いて、イスリー地区の中心地に到着した。

バスを降りて逃げるように道路の脇へ避難するものの、道行く人々が僕らをジロジロにらみつけてくる。冷や汗を垂らしていると、向こうから身長190cm、体重100kgクラスのサングラスをかけたスーツ姿の大男が歩いてきた。ギャングのような凄みを振りまくその大男は、ソマリア人メンバーと笑いながら握手をしてからこちらを向いて大声で言った。

「おい、よく来た！　私はギターレ。イスリーにようこそ！　案内しよう！」

勢いよく歩きはじめたギターレのあとを、僕らは仕方なくちょこちょことついていくことにした。ムナは僕の隣に来てギターレについて解説してくれる。

「ギターレはイスリー地区のビジネスを取り仕切る組織の重役で、ここでは彼を知らない人はいないほど強い力を持っているのよ！　変なボディーガードを雇うより彼といるほうがはるかに安全だわ！」

「ムナが以前言っていた地域のボスってギターレのこと？」

「その通り！」

僕らとすれ違う人々の多くが、ギターレを見ると寄ってきて挨拶したり握手したりしている。ようやく感じることができた安堵感を胸に、僕らはイスリーの奥へと歩いていった。

通りの地面は穴ぼこだらけで、前日の雨のため、巨大な水たまりがあちこちにできていた。乾いた場所は常に土煙が舞っている。メインストリートの人口密度は東京のそれと比較にならないほど多く、道をひとつ外れると、そこにはニヤニヤしている人たちが道端に座り込んでいる。ミラという麻薬作用のある葉っぱを口いっぱいに含んで、気持ちよさそうにしているのだ。素人でも肌で感じることができるヤバさ。日本人たちはギターレの後ろを必死についていく。

「写真？　どんどん撮れ」とギターレに許可されていたので、僕はシャッターを切り続けていた。もちろん見知らぬ人の顔を堂々と写すのは駄目だろうと思っていたので気をつけていたけれど、後方から突如怒声が起きた。

「おい！　止まれ！　止まれ止まれ止まれ！　お前！　いまの写真を見せろ！」

ヤバいと感じて後ろを振り向いたときには、その怒声の主は僕の目の前にまで来ていた。

ギターレとソマリア人メンバーたちはこのことに気づかず、ただでさえ速足なので容赦なく先へ進んでいく。

「おいお前！　写真を撮ったな！　見せろ！」と男は僕の肩を掴んで怒鳴る。僕は冷静を装って「オーケーオーケー。風景を撮ったんだよ。それ以外の目的はないよ」とカメラのデータを見せた。「ノーノーノー！　全部見せろ！」と男はとりつくしまもない。僕が困り果てていたところに、異変に気づいたギターレが戻ってきた。ギターレは男に負けないくらいの大声でまくしたて、その場を収めてくれた。ギターレは「ノープロブレム」と爽やかに言い放った。十分に危機感を味わった僕は、手当たり次第に写真を撮るのは控えようと心から思った。

そんなこともあったので、僕らは休憩がてら近くのレストランに入ることにした。レストランのすべてのテーブルにはバナナが2本ずつ置かれている。

「もしかしてこのバナナって食べ放題な感じ？」「ソマリア人もバナナ食べるんだね」「てかこのバナナ生で食べて大丈夫なの？」などと日本人が好き勝手言っていると「あっ、そのバナナ食べないでね。理由はあとでわかるわ」とバナナ2本くらい一瞬で食べてしまいそうなジャマが、ニヤリとしながら答えてくれた。

不思議に思いながらも僕らは席に着き、ソマリア人メンバーのおすすめでラクダミルクとラクダ肉のパスタを注文した。ソマリアは世界最大のラクダ保有国と言われていて、ラクダの乳や肉が非常に一般的。加えて、昔イタリアの植民地だった影響でパスタを食べる習慣がある。そんなわけで、ここケニアのソマリア人たちも、ラクダ肉を使用したミートソースパスタを好んで食べる。

ラクダミルクの生臭さに驚いていると、イスリー地区の大物ギターレが切り出した。

「よく来てくれた。特に日本人がここまで訪れてくれたことを本当に嬉しく思う。1991年に政府が崩壊して無政府状態になって以来、日本との関係は途絶えてしまっていた。ソマリアが良くなるためには、日本とのつながりをより良くしなければならないのだよ」

「ほかの国ではなくて、日本だから良い理由って何かあるんですか?」

「平和のためにはビジネスが重要だ。ソマリアが輸出できるのはラクダなどの肉で、電化製品や服は輸入しなければならない。ところがその輸入先がロクなものじゃない。現状ほとんどは中国、ベトナム、インド、トルコ、シリアなどで、粗悪品ばかり輸入されている。車や色んな製品を日本から輸入すれば、より豊かになるはずなんだ」

経営者のギターレの意見は新鮮で勉強になるけれど、どうもスケールが大きすぎて、僕らのような若者にはどうしようもない気がしてならない。自分たちにできることは何だろう……と悩んでいるとギターレは続けた。

「いきなり貿易をどうにかするのは難しいことは、十分理解している。だから私は君たちに期待しているんだ。平和や教育のような分野では、大人が介入するより若者たちでやったほうがいいに決まっている。日本とソマリアの若者、つまりユースが未来を語り合うことはとても重要だ」

「イスリー地区は劣悪な治安で、ナイロビのなかでも特に危険と言われていますが、やっぱり本当に危険なんでしょうか? ソマリアのイスラム武装勢力アルシャバーブは、ここにいるんですか?」

「君たちが思っているほど危ないところではないよ。ただ、過激派や武装勢力の人員や資金を集めるリクルーターやファンドレイザーが隠れているとは聞く。必要なのは治安改善と若者への教育だ。治安はどうにもならないかもしれないが、教育や交流、情報の交換などは君たちにできるはずだ」

メモを取り終えた僕は「ベストを尽くします!」と力強く返事をした。そのころようやくパスタがやってきたので、ソマリア名物を食べることにした。

「ヨスケ、バナナはこうするの」ムナはバナナを少し手に取り、そのままスパゲッティも少々手に取ってバナナに巻きつけ、口の中に放り込んだ。「私たちはバナナとスパゲッティ

イスリー地区の顔役ギターレ氏。
ソマリア人コミュニティから厚い信頼を得ている。

を一緒に食べる習慣があるの。美味しいのよ」とジャマも太鼓判を押したけれど、なんとも言えない味わいだった。

腹ごしらえがすむと、ギターレは難民キャンプに用事があるらしく、ここでお別れになった。

「もちろんビジネス面で日本とつながりを持ちたいが、ビジネス以外の面でのつながりが一番大切だ。ひとつの傘の下でともに活動したい。私はそのことを望んでいる。日本の若者よ、期待しているぞ！」

ギターレはそう言い残し、タクシーで颯爽とイスリーをあとにした。


残った僕らは、イスリー地区で活動する保健関係のNGOやソマリア系の服屋さん、児童の97％がソマリア人の小学校に行った。そのあとは数日をかけて、ソマリ・ユース・リーダーシップ会議という100名ほどの大きな会議への参加、在ケニアソマリア大使館への訪問、そして大学教授や人道支援者との会食・ミーティングに奔走した。

ソマリ・ユース・リーダーシップ会議は、地域の長老たちが、大学教授や地域の組織と協力して、ソマリア人ユースをエンパワーメントするというイベントで、僕らは温かく迎えられて最前列で議論に参加した。議論のテーマは、コーランの一部の内容についてだったり、イスラム教流の平和のつくり方に関する議論だったり、実に多岐にわたった。そして参加者のソマリア人ユースたちは、みんな礼儀正しく聡明だった。暴力と腐敗にまみれたソマリアから来た人々とはとても思えないほど、しっかりした青年たちだったのだ。僕はユースたちの考え方や姿勢に敬意をいだき、この人たちが地域やソマリアを変えるかもしれないと、大きな可能性を感じた。

もうひとつ印象的だったのはソマリア人の医師が集まる会合で、そこでは医師たちが自身の取り組みや新しい薬について発表していた。何の説明もないままムナに連れてこられた僕らは、いきなり挨拶しろと壇上に立たされた。ソマリ語で暗記していた団体紹介スピーチを披露すると、盛大な拍手とともに温かく迎え入れられた。無事会議が終わったあと、ボンバーヘッドのおじさんが近づいてきた。

「ムナ、久しぶりだな！　そして日本の若者のみなさん、わざわざここまで来てくれてありがとう。私はアブディカーディルです」

「ドクター・アブディカーディルはイスリーにあるタワカル・メディカル・クリニックの医者で、イスリーの若者支援もしている素晴らしい人なのよ！」

ムナがそう言うと、ドクターはもじもじと照れているご様子。ソマリア人はハキハキしていてやたらと声がでかいイメージだったが、ドクターは日本人のように控えめだ。

「一緒にご馳走を食べましょう。さあこっちです」

ドクターは自分が座る円卓に僕らを招き、話を聞いてくれた。

「イスリーで何かをする際は、クリニック総出で協力します。頑張ってください」

ドクターから温かな言葉をいただき、僕らはガッチリと握手をして会場をあとにした。

「〝たぶん〟ではなく、〝やる〟のよ！」

とにかく色んな場所で色んな人と話したが、僕らは行く先々で「日本ソマリア青年機構（という最近できたばかりの小さな団体）に何を期待しますか？」という質問をしていた。その答えはズバリ2つに集約された。「イスリー地区の治安の改善」と「ソマリア人を日本へ連れていくこと」。とにかく劣悪な治安をどうにか改善してほしい、そして、ひとりでも多くのソマリア人の若者を日本の大学に連れていって、将来を担う人材を育ててほしいという心からの声で、無視することはできそうになかった。

僕とムナは今後の活動について相談し、「一度全体で議論するべきだ」ということになった。そうしてソマリア人の中心メンバー7名と日本人の現地渡航メンバーで、全体ミーティングを開いた。実は到着後すぐに全体ミーティングをおこなおうと日程を調整していたものの、延び延びになってしまっていた。

待ち合わせ時刻は午後2時だったが、日本人メンバーはムナとジャマの案内で30分遅れの午後2時半にミーティング会場に到着した。「30分は誤差よ！」と真剣に語るムナ。会場にはまだ誰もおらず、仕方なく窓から外をぼーっと眺めることにした。会議室はイスリー地区にある6階建てのビルの上層部で、窓からは街並みが一望できる。ナイロビの中心地とはまったく異なる様相が、手に取るようにわかる。暴走するマタツ、身体を隠すための真っ黒なチャドルを全身に纏《まと》った女性、ムスリムの正装のような、いかにもアラブらしい衣装を着た男性たち、そして定期的に大音量で街中に流れるアザーン。ミーティングの時間が遅れたおかげで、イスリー地区の全体像をなんとなく掴めたような気がする。そろそろ飽きてきたなと思うと、時計はすでに3時半をまわっていた。座りながら仲良くおしゃべりをしているムナとジャマに聞いてみる。

「みんなまだ来ないの？」

「もうすぐ来るわ！」とムナ。

見るからに食いしん坊のジャマは日本からのお土産のかりんとうが気に入ったようで、バリバリと食べている。結局4時を過ぎたころ、全員が集まった。

ソマリア人メンバーの参加者はムナとジャマ、そしてムナの弟で身長180㎝ほどある細身の〝モハ2〟、モンバサに住むメガネボーイのアウェイス、ギョロギョロした目つきだけどいつも笑顔のファラ、顎鬚がダンディーなイスカファーラ、ジャマよりももっとふっくらしたムニラで、みんな僕らと同年代だ。

全員に当てはまること。それは、とにかく頭の回転が速い。そして考えたことをそのまま口に出していく。つまり、誰かがしっかりと議論を仕切らなければ、おしゃべり大会になってしまう。もちろんこのことはムナが一番理解していた。そのムナがいつまでも喋ってしまうのだけれど……。

「はい！　みんな聞いて！　ちゃんと議題に沿ってやるわよ！　ほらヨスケ、あなたがリーダーなのよ。さあ！」

ムナがそう言うとみんな「そりゃそうだ」と姿勢を改めて僕のほうを見る。

「リーダーっていってもまだ何もやってないけど……、大丈夫？」

ソマリア人たちはニカニカしながら、「プレジデントヨスケ！」と言ってくれた。

今回のナイロビでのヒアリングでわかったニーズである、「治安の改善」と「ソマリア人を日本へ連れていくこと」について議論した。約3時間にわたってああでもない、こうでもないと話し合った結果、実現可能性を吟味すると、後者のほうがやりやすそうだという結論に至った。具体的には、ソマリア人の若者を日本の大学に留学させる、というプロジェクトを立ち上げることにした。紛争が続く南部ソマリアでの活動やイスリー地区の治安改善は、とてもじゃないけど僕らみたいなユースには困難な課題だった。

「警察やボディーガードと協働すれば治安改善にアプローチできるかもしれないけれど……その場合最低2万ドルは必要だね。ヨスケ、いけそう？」と電卓をいじくっていたアウェイスが笑顔で問いかける。

「2万ドル？　2000ドルじゃなくて？」

「うん。最低2万ドルかな。これにスタッフの報酬も加えて……」

「ちょっと待ってくれアウェイス。2万ドルなんてすぐには無理だよ。日本は裕福っていったって僕らは全然お金持ちじゃないんだ」

ソマリア人の彼らが日本人の僕らに期待することと、実際に僕らができることのギャップを痛感した。僕らに何ができるのだろうか。汗が薄らにじみ出てきたころ、あたりは暗くなりはじめていて、僕らはイスリーを脱出しなければならない時間になった。明確な答えにはたどり着かなかったけれど、僕らは別れを惜しんで思う存分記念撮影をして、タクシーに乗り込んだ。

走り続けた16日間もようやく終わりを迎え、日本へ戻る日になった。僕はその3日ほど前からストレスによる胃腸炎を発症していて、高熱も出ていた。文字通りの満身創痍だったが、どうにか無事に帰れそうだ。ソマリア人メンバーたちは結構クールで、見送りなどはせず電話でお別れとなった。

ムナ姉様からは彼女らしいコメントを伝えられた。

「ヨスケはいつも〝たぶん〟とか〝思うに〟と言うけどそれは違うわ。〝やる〟。やるのよ」

その言葉を胸に、ナイロビを飛び立ち日本に戻った。

3 葛藤
これがやりたかった活動なのか?

TUVALU

僕らは何ができるのか？

日本に戻ってきた僕は、いつの間にか大学2年生になっていた。イスリー地区でボロボロになるまで走り回って、僕らは2つのニーズを見つけた。それは「イスリー地区の治安の改善」と「ソマリア人を日本に連れていくこと」だった。現地でソマリア人メンバーと議論したときは、まずは後者のニーズに取り組もうとなったが、現地渡航に加わっていない日本人メンバーも交えて改めて検討することにした。僕らは何度もミーティングを開き、議論を重ねた。

南部ソマリアでの活動や治安改善については、東海大学の医学部4年生で僕よりひとつ年上の阿部凜（通称凜ちゃん）が難色を示した。

「手を出したい気持ちはあるけど……、自分たちにできることとできないことをしっかりと区別しないと、後々とんでもないことになると思う。いきなりそういうことにアプローチするのは気が進まないな」

実際みんなそう思っているのでうんうんと頷く。けれど同時に思っていることもありそうだ。

「たしかにリスクはあるけれど、もし南部ソマリアや治安改善の領域で僕らにできることがあれば、そこに挑まない理由はないよね」と僕が言うと、この意見にもみんな頷いた。

「南部ソマリアに行けないなら難民キャンプ、それがダメならイスリー地区、それも厳しいなら……」と、最近は村上龍ではなく村上春樹を読み漁っているたっつーが呟く。

「目の前に世界で最も苦しんでいる人々がいて、それに目を向ける活動をしようとして……それなのにそこから目を背けないといけないの？　もっと前に出なきゃ変わるものも変わらないよ」

僕がそう主張すると、「だって、南部ソマリアの前線や難民キャンプに行ったとして、最前線でいまの私たちに何ができるの？　まさか荷物運びとか食器洗いとか？」と反論が出る。

「僕らにできることでは足りなくて、僕らにしかできないことをやらないと意味がない。大人がやるべきことと、僕らみたいなユースがやるべきことはやっぱり違うと思うんだ。

だけどその、僕らにしかできないことってやつが……まだわからない。それは見つけるものなのか、それとも創るものなのか……」と、だんだん僕も迷ってきてしまう。

　あまり多くは語らない大将が口を開く。

「ミーティングでさ、ムナとかが日本人にはお金を集めてほしいって言ってたじゃん。あれについてどう思う？　あれもひとつのニーズだと思うんだよね」

「それこそ学生がお金集めるなんて向いてないでしょ。お金こそ大人がやるべきだよ。僕らが受け取れる助成金なんてたかが知れているし、用途も限られてる」

「あ、けどあれだね、自分たちにしかできないことすらわかってないのに、その論理ってどれほど有効なんだろうね。ソマリア人と日本人、それぞれの長短を反映させれば、お金を集めるというアイデアに行き着くことも自然なわけだし……」

「たしかにいろいろなメンバーがいるけど、私たちに専門性なんてなくて、自分たちの多様性なんて限りなく無価値だもんね……」

　暗中模索――まさにこんな感じだった。僕らはどこに焦点をあてて何をしなければならないのか。リスクはどこまでとることができるのか。本当に必要なことって何だ。たくさんの問いと真正面から立ち向かう必要があった。

　僕らが出したとりあえずの答えは、まずはできるところから着手していくというありきたりなものだった。今後もイスリー地区はもちろん、それ以外のエリアの視察も検討していくが、まずはソマリア人を日本に連れてくる方法を考えることにした。僕は、日本にはそういうことに助成金を出してくれる財団がいくつかあることを知っていた。それらを合わせれば150万円ほどのお金を捻出することができる。もちろん使途は招致費用に限られてしまうのだけれど。

「ソマリア人を何人か数日間だけ日本に連れてくることならできると思うけど、どう？」

と難しい顔でみんなに問いかけてみる。

「それって意味あるの？」

「どうにか日本に留まろうとしてヤバいことになるんじゃないかな」

「ただの旅行になるかも」

などなど厳しい反応が挙がる。となると、やはり長期留学が好ましい。ソマリアの未来を創る人材を育成するには半年では短い。1年でもダメだ。日本の大学に3～4年留学させる。この意見でまとまった。

学費や生活費、その他諸々の費用を考えたら、150万円なんてレベルじゃすまない。もっとかかるだろう。そんな額を捻出できそうなのは、アブディとサミラの留学を支援している〈あしなが育英会〉だけだった。僕らは「スタディー・アブロード・プロジェクト

(Study Abroad Project)」、略してSAPと名前をつけ、SAP班をつくって本格的に調査を始めた。

梅雨が終わりそうになったころ、僕らは3月の渡航活動の報告会を開いた。80名もの人が足を運んでくれ、報告会のあとには僕とともに浪人時代を過ごした柏木崇宏(通称タカ)を含め、新しい仲間が4名増えた。

「サッカーボールを届ける」「日本へ奨学生を呼ぶ」僕らのやりたいことなのか?

SAPだけではソマリアの問題解決に不十分だと考えていた僕たちのところに、ある日ひとつの連絡が入った。

「ソマリア人はサッカーが大好きで、氏族間対立を乗り越えるためにもサッカーでの関係構築が有効だ。どうだろう、日本でスポーツ用品が手に入らないかい?」

日本ソマリア青年機構のソマリア人メンバーで、元サッカーソマリア代表選手であるアナスからの提案だった。ソマリアでのスポーツ用品のニーズについてはソマリアで取材をしてきたジャーナリストの瀧野恵太さんからも聞いていたし、何より僕らのような学生でも頑張れば実現できそうなアイデアだった。

「スポーツ用品を日本で集めてソマリアに送る。この活動を通じて日本とソマリアの関係を構築することもできる。これはなかなかいいんじゃないか！」

一同賛成し、「ソマリアのスポーツを応援しよう」という意味の「チア・アップ・ソマリ・スポーツ・プロジェクト（Cheer up Somali Sports Project）」、通称CSSPに取り掛かった。ただ適当に集めるよりも、ユースの団体なので同年代の若者から集めたほうが意義がありそうだという理由から、首都圏の大学のサークルや学生団体などに依頼することにした。

あちこちに問い合わせてみると、3週間ほどで意外にすんなり集めることができた。集まったのはサッカーボール16個、サッカーシューズ25足、バスケットボール5個、バスケットシューズ13足。とりあえずこれらをソマリアに送ろうということになった。CSSP班のメンバーは、機構に参加したばかりのタカと、早稲田大学の1年生で不愛想だけど気さくな柿野翔胡（通称ショーゴ）だ。彼らがソマリアまでの郵送方法と費用を調べた。

「よーすけさん、日本からソマリアへ郵送は無理ですよ。調べても出てこないし、調べなくてもなんとなく普通にわかるじゃないですか」

半分ニヤけた顔でショーゴがそう主張する。

「ケニアからソマリアも難しいかなやっぱり」
「ちょうどソマリア海賊がいるんで彼らに頼みましょうか？（笑）」
体力に自信のあるタカは「全部持っていくしかねえよ。スーツケースに入れてさ……！」とあまりにもシンプルながら素敵な方法を提案した。翌年の春に予定されている第2回現地渡航活動には大将、タカ、ショーゴの肉体派3名が行くことが確定していたので、ボール類はすべて空気を抜いた状態にしてどうにか運搬し、まずはケニアのイスリー地区に持っていくことに決まった。

100リットルを超える最大サイズのスーツケースに自分の荷物を最低限詰めると、残りのスペースにはサッカーボールを6個ほどしか入れることができず、一度の渡航ですべてを運ぶのは難しい。日本では引き続きスポーツ用品を集めつつ、渡航のたびに持てるだけ持っていくことになった。

結果から言うと、ソマリアへの輸送はやはりケニアからでも難しかった。なので僕らはイスリー地区の小学校やソマリア人のサッカーチームに、ボールやシューズを提供した。そこで撮った写真や書いてもらった感謝の手紙などを日本の提供者に渡し、ソマリア人と日本人という、普段はかけ離れた生活をする人々の橋渡しをした。イスリー小学校ではこの活動がきっかけで毎週金曜日が「スポーツ・デー」になり、放課後に子どもたちが寄贈されたボールやシューズでサッカーをするようになった。

現地のニーズに応えているわけだし、現地の若者たちとのつながりもできるのだから、CSSPは無意味ではない。SAPにしても、もし実現したら、かなり有意義な取り組みになるだろう。2つのプロジェクトとも、見捨てられたソマリアに対する支援という意味で僕らにしかできないことだ。だけど、どうしてもほかにやるべきことがあるのではないかと思ってしまう。

日々目に飛び込んで来るソマリアでの飢餓、自爆テロ、難民のニュース。目の前でボコボコにされている人を眺めながら、そうではない人々にサッカーボールを手渡してヘラヘラしている自分がどうも気に食わない。サッカーすらできない、するまえに死んでしまう人々の存在を僕はどう捉えればいいのだろう。ソマリアから目を背けるな、治安が悪いというのは何もしない理由にはならない、そう考えて走り続けてきたけれど、いまの行動に自分は納得しているのか。「行動しなければ考えていないのと同じ」という言葉をどこかで聞いたことがあるが、その言葉が頭を駆け巡っていた。帰りの方向が同じタカと、ブツブツしょうもないことを話す。

「どうすれば紛争地の前線で活躍できるんだろね。サイボーグ化して半分無敵になればやっぱり強いよなあ」

「サイボーグ化しても拉致されて身代金要求されたら社会的に殺されちまうよ」

「拉致もテロも無効化できるほどのアーマーを装備すれば大丈夫そうだけど、とんでもなく高そうだよな。いま世界にそんなものないのがそもそも問題なんだけどさ。けど夢があるね、そのアーマーを入手したら何でもできそうだ」

「その最強のアーマー、武装勢力がゲットしたら確実に世界終わるな」

まったくくだらないアイデアしか浮かんでこなかった。僕はしばらく打開策も見つからず、ぼんやり悩み続けるしかなかった。僕がやりたいのは、やるべきことは、留学の斡旋でもスポーツ用品の提供でもない。そういうことも大切だけど、もっと大切なことがあるんだ。〝いまここ〟で、僕がやるべきことは何なんだ……？

医者にならなければ、人は救えない？

悶々としていたある日の夜11時過ぎ、日課のランニングをしながら考える。そもそも、もしどんなに強烈な銃撃や自爆テロを受けたとしても無傷でいられるアーマーがあれば、僕は文字通り無敵で、何でもできるんだろうか。銃撃やテロをものともせず死にそうな人のところに辿り着いたとして、僕に何ができるのか。まず栄養が足りないだろうから栄養剤でも打ったり飲ませたりして……さてそのあとは？

ようやく気がついた。たとえ死にそうな人にどうにかしてアクセスできたとしても、僕にできることは何ひとつないということに。手を取って最期を看取る？　そんなバカな！

大学を卒業したあと医学部に入りなおして、その後立派な医者になったという人の記事を思い出した。僕も医者になってみようかと本気で考えてみた。けれども僕は、中学高校とかなり荒れていたので、勉強をほとんどしていない。特に数学、化学、物理に関してはさっぱりなので、いまさら理系に転じて医学部を受験するのは、天地がひっくりかえっても無理だと自分が一番よくわかっている。根拠もなく、ソマリアのモガディシュ大学の医学部なら入れるだろうかと大真面目で考えはじめた。いろいろな方法を探していたころ、日本の大学には医学部編入という制度があることを見つけた。さらに、編入生を受け入れる大学のなかでも、東海大学と群馬大学は数学が必須の受験科目でないこともわかった。倍率20倍以上の世界だけど、検討してみる価値はあるかもしれない。ちょうど団体のメンバーで東海大学医学部に通っていた凛ちゃんに、話を聞いてみようと電話をかけた。

「ああ、編入ね！　おじさんが多いけどたしかにちょくちょくいるよ！　試験もなんか英語とかでやりやすいらしいよね。けど、陽右、6年間も医学部で勉強できる？」

「6年ねえ……」

「だって大学2年の現時点で、すでに現場にいなくてもどかしさを感じてるじゃんか？　それこそ6年も待てないと思うよ」

　ぐうの音もでない僕に畳みかける。

「それに、学費、尋常じゃなく高いよ。群馬大はマシだろうけど、その分倍率がしんどいだろうしね」

　シビアな現実を聞かされ、医者になることも自分には難しいということがよーくわかった。帰宅後、それでは僕はどんな形で目の前で死にゆく人々を救えばよいのか、とあらためて悩みはじめたとき、凛ちゃんからメールが届いた。

「言うの忘れたけど、そもそも医者も道具がなければ何もできないや。それに、最強のアーマーが開発されてすべての医療従事者がそれを装備するまでは、医者は誰かに守ってもらわないと何もできないの。だから医者がすべてってわけじゃないんじゃない？」

　案外当たり前のことだけれど、たしかにそうだなと思った。国境なき医師団だって6割は医者以外の専門家らしい。最強のアーマーありきで考えていたけど、それが完成するまではやるべきことはたくさんある。食糧にアクセスできないなら食糧支援の必要があるし、武装勢力が侵攻してくるならそれを食い止める必要があるんだ。僕が医者にならなくても医者はたくさんいるわけだし、逆に言えば、僕だからこそなれるものもあるはずだ。国連やNGOで国際開発や平和構築に携わる人はたくさん知っているし、その仕事を目指す学生も多い。しかし、その一歩手前のフェーズ、つまり「紛争解決」に携わる人材はとても少ないように思う。それなら、僕がその専門家になろう。山本敏晴さんの「真の国際協力」の定義をあらためて思い出した。

「『本当に意味のある国際協力』とは、自分がやりたいことをやって『自己満足にひたる』のでも、自分に専門性があることをやるのでもなく、『それ』が必要なことであれば、自分がどんなにやりたくないことでも実行し、専門性が必要ならそれを身につけていこうと努力してゆく、『姿勢』を言うのである」

この考え方は日本ソマリア青年機構での活動にも応用できるんじゃないか……。ふとそう気づいた僕は、次なるプロジェクトのアイデアをぼんやりと考えはじめた。

原点のツバルで見た平和の形

秋が深まるころ、僕は太平洋に浮かぶ小国ツバルに行くことにした。なぜここでツバルに行ったかというと、他人に関心を持たず、自分本位で生きていた高校時代の僕が変わるきっかけとなった原点こそが、ツバルとの出会いだったからだ。

バスケットボールに明け暮れていた高校2年の夏、たった2日しかない貴重な休みの日、僕はここぞとばかりにクーラーの効いた自分の部屋でインターネットを楽しんでいた。そんなとき、ヤフーのトップページでふと気になるニュースを見つけた。それはツバルという小さな国の特集記事だった。外国といえばアメリカとヨーロッパとオーストラリアくらいしか知らなかった僕は、なんとなく気になってクリックをしてみた。

「ツバルは太平洋に浮かぶ小さな国で、〝天国に最も近い場所〟と言われているほど綺麗な島。しかし、地球温暖化による海面上昇によってもうすぐ沈んでしまいます」

「国が……沈む……？」と唖然とした。ツバルなんて国のことはそれまで見たことも聞いたこともなかったが、一国が海に沈むという漫画みたいな壮大な話に、理由はわからないが、強烈な衝撃を受けた。

根っからの漫画大好き人間であり常々ヒーローに憧れていた僕は、「なんとかしなくては!!」と思い立った。いまツバルに行くしかないとパソコンを開いて検索してみると、NGO主催のエコツアーで、ズバリ40万円という金額が目に飛び込んできた。当時1カ月の小遣いが5000円だった僕にとっては、お年玉を含めても貯めるのに3年以上かかる金額だった。それに冷静に考えると、この夏休みは部活がほぼ毎日あり、休みはたったの

2日しかないのだ。そしてそのうちの1日が今日費やされているという実情。「まあしょうがないわな」とため息を吐いて、ツバル行きを諦めた。

しかし、ツバルが僕の小さな脳ミソに与えた衝撃は計り知れなかった。さまざまな思いが頭を巡る。自分が生きているせいぜい半径5キロほどの領域の外にも、世界は大きく広がっているんだと気づいて驚愕した。そして、世界が自分のものでもないと意識するようになった。色んな人が、色んな場所で、それぞれの意志を持って人生を暮らしている。つまり僕とは無関係の「他者」が集まって、世界ができていると認識した。

それまでの僕は、自己中心的に生きていた。他者に対する思いやりの気持ちに欠け、小学生・中学生時代には、ひどいいじめもした。高校に進学してからいじめはやめたけれど、それは決して罪悪感や反省からではなく、単に他者と関わるのが面倒で自分の世界を守りたかったからだ。

ツバルのニュースを見たとき、そんな僕の何かが変わった。「世界は広い」という純朴な驚きじゃなくて、その世界にいる「他者」の存在を初めて認識した。そのことについて考えるうちに、いじめをしていた過去への後悔の念が強烈にわきあがってきた。「他者」の視点に立つことで、いじめられた側の悔しさや怒りが実感となり、その人の人生を踏みにじってしまったと痛感したからだ。本当ならいじめてしまった人のもとへ謝罪に行くのが筋だけれど、意地っ張りでそんな勇気もなかった。だから、せめてこれからはいじめられる側に立とう、いじめられる人を助けよう、そう決めた。そして、自分を変えてくれたツバルへいつか行こうと胸に刻んだのだ。

日本からまずはフィジーに行き、そこからツバルに向かう。小さな飛行機から見える小さく細長い島、憧れ続けた国がそこにあった。太陽がまぶしくとても暑いけれど、カラリと爽やかな気候でまさに南の島という風情だ。滑走路脇ではたくさんの子どもたちが遊んでいて、のんびり休んでいる村人たちも見える。

ツバルでは、離島でのマングローブ植林や、海への素潜りなどを楽しんだ。それらのガイドをしてくれた青年タファーキとすっかり仲良くなった。彼は見た目は30歳くらいだけど、実際は2、3歳しか違わない。ある日、ガイドの仕事とは別にして、彼と2人でツバルをバイクで回ることになった。タファーキはフィジーの大学で勉強していたためか、同年代の僕に興味があるようで、島を全部案内してやると意気込んでいる。ちなみにツバルは小さな島で構成されており、首都フナフチがある島でも小さい道路が横に3本ほどあるだけで、これがツバルにある島のなかで最も多い数だ。

「タファーキ、まずはどこ行くの？」

「気象庁にでも行ってみようか。その隣には刑務所があるし面白いかもよ」

「おおいいね、楽しそう！　バイクで何分くらいかかりそう？」

「ツバルではバイクがあれば、どこでもすぐ着くぞ」

笑いながら二人乗りで走り出す。

「あぁ……天国ってこんなかんじなのかな……」と海を眺めながら恍惚としていると、文字通りあっという間に目的地に到着した。

こぢんまりした気象庁には職員が2名いるだけ。ひとりはクラシックギターを肩にかけているというフランクさ。温暖化の影響などを聞いていると、おやつのココナッツ料理を持ってきてくれた。しばし休憩、なんとも和やかだ。

隣の刑務所は〝刑務所〟というか、ただの掘っ建て小屋で、柵もフェンスのみ。そしてそのフェンスの出入口も開きっぱなし。タファーキはスタスタとフェンス内へと歩いていき、「おーい誰かいるかー？」と呼びかける。

すると中から男が3人、普段着で出てきた。

「タファーキ、これって大丈夫なの？」

「まったく問題ないよ。みんな俺の友だちさあ～」

タファーキは真っ黒なバターのような固形物を取り出し、3人の男と一緒に手巻きタバコをつくりはじめた。倒れているココナッツの木の上にみんなで座り、のんびりタバコをふかす。なんとも穏やかな時間がゆっくりと流れていく。

「ヨスケ、見てわかるようにここはいつでもオープンだ……。この囚人たちはいつでも自宅に帰ることができるんだぜ」

ただでさえダンディーなタファーキは、タバコを吸っているときはハードボイルドな男に様変わりし、映画のワンシーンを見ているかのようだ。目を細め、遠くを眺めながら、ゆっくりとした口調で彼は続ける。

「俺たち普通の村民とこいつらは友だちだし、同じツバルに暮らす仲間さ。だから誰でも彼らを受け入れるし、彼らもそのことを理解しているから変なことは起こさないのさ」

「でも、何かやっちゃったから刑務所にいるんでしょ？」

「みーんな酒に酔って派手にケンカしちゃったとか、そんな理由だ。大した犯罪者はここにはいないわけさ。なあみんな」

それを聞いて3人の男たちは照れ笑いをしながら、タファーキと僕と、それぞれ握手をした。僕らが刑務所を去るときにはわざわざ僕らの記念写真を撮り、手を振って見送ってくれた。

軽い罪とはいえ〝犯罪者〟を友だちとして社会的に受け入れてしまうという、ツバルの人々の懐の深さに驚いた。国際政治をかじっている僕は、勢力均衡やゲーム理論的なことばかり考えがちだけれど、こうやってつくられる信頼関係というか平和もあるのだなあ、と刑務所からバイクで3分ほどの滑走路に寝っころがりながら考える。

「フィジーにはいるけど、ツバルにはストリートチルドレンなんていない。もしも子どもが道端に転がっていたら、みんなで育てるだろうな。島全体がひとつなのさ」

大の字で仰向けになっているタファーキが、そう誇らしげに言った。

「さて、ヨスケ、今度は偉い人のところに行こう」

「偉い人っていうと大臣とか？」

「いや副首相だよ。僕のおじのエネレ・ソポアガさんは、イギリスのオックスフォード大学を卒業して国連代表部大使も務めたことがある、ミラクルじいさんなのさ。来年首相になるらしいし、ヨスケ興味あるでしょ？」

「それはすごい！　ぜひとも会ってみたいよ！」

と僕は答え、さっそくバイクに飛び乗った。

「エネレおじさんの家までは、ここからバイクで4分ほどさ！」

あっという間に着いた副首相の家は、大衆ドラマに出てくるような「おじいちゃんおばあちゃんの家」感が凄まじく、物がごった返して食べ物があたりに散らかっていた。お目当てのエネレおじさんは、庭のベンチで釣りの仕掛けをつくっている最中だった。

「おお、わざわざ日本から来たというのは君か！」

メガネを外してニカッと笑うエネレさんの表情は、優しい人柄をそのまま映し出していた。ツバルを巡る外交的な問題、温暖化問題、国際関係などについて議論していると、あっという間に1時間が過ぎた。ほかのツバル人と同じくのんびりとして温厚な人だが、議論のときの集中力の高さと鋭さはやっぱりレベルが違う。

「せっかくだから、釣りの仕掛けをつくってみないか？」

話がひと段落したときに満面の笑みを浮かべた表情で誘われたので、少し手伝うことにした。もぞもぞと手を動かしながら、今度は僕のことも話した。ソマリアのこと、団体の活動で悩んでいること、自分自身の進路のこと……。最後にとっておいた質問をぶつけてみる。

「なんでツバルはこんなに平和なんですか？」

予想外の質問だったのか、仕掛けづくりの手を止めたエネレさんは、笑いながら答える。

「それは狭いからさ。何か犯罪をしでかしたら、誰かが見ていて絶対にばれる。人間関係も狭いから噂話もすぐ広まってしまうし、この島で隠し事なんてできないのさ。だから平和だ。ワーハッッハ！」

そう大笑いしたあと、ふっと真面目な顔になり、僕の肩に手を載せた。

「でもな、ヨスケ、この狭さが大切なんだ。法の支配や力による統治などではなく、人と人のつながりが平和を創り上げる。狭いところには人のつながりが生まれるのだ。これはヨスケが取り組もうとしている紛争解決においても、とても大切な考え方だよ」

この言葉から、新しいヒントを貰った気がした。僕はエネレさんとがっちりと握手をし、慣れない丁寧な英語で感謝を伝えた。

ツバルにいたのはほんの10日ほどだったけれど、やはり行ってよかったと心から思う。小さな島国で見つけた大きなもの、それをしっかりと噛みしめて、上空から小さな滑走路に手を振った。余談だが、タファーキが話していた通り、エネレさんは約1年後ツバルの首相に選出されることになる。

ツバルのガイドをしてくれたタファーキ。
2～3歳しか違わないのに、とても大人びている。

ツバルの刑務所から出てきた囚人たちと。
「誰でも彼らを受け入れる」とタファーキは語った。

ツバルの刑務所。フェンスは腰ほどの高さで厳重な扉
もなく、誰でもどこからでも出入りできてしまう。

ツバルの現首相、エネレ・ソポアガ氏と。
「平和」について大切なことを教わった。

4 転機
「テロリストではない未来」をつくる

Japan Somalia Youth Organization

思わぬオファー

新しいプロジェクトについて思案していた11月頭、高田馬場のラーメン二郎でいつものように超大盛で豚肉増量した「ドカ盛り豚ダブル」(さらに野菜・ニンニク・油多め)を食べていると、携帯に1通のメールが届いた。

「学生向けwebサイト『メンター・ダイヤモンド』の運営をしておりますダイヤモンド社の大木と申します。突然の連絡で驚かれるかもしれませんが、過日、メンター・ダイヤモンドで取材させていただいた御団体の活動内容が、アメリカン・エキスプレスの目にとまり、財団のキャンペーン対象にノミネートしたいと希望されています」

「なんだと!!」と心の中で叫びながら目の前にそびえるラーメンを怒涛の勢いで口に放り込んでいく。2000キロカロリーは軽く超えそうな食べ物を10分ほどで胃袋に収めたあと、すぐに返信を送った。

「ご連絡有難うございます。ノミネートしたいとのこと、大変光栄です。ぜひ参加させていただきたいです！」

後日、アメリカン・エキスプレスの担当者の方からも連絡が入り、大学生が取り組む社会貢献活動を応援するキャンペーン「Student Challenge for Change」の6枠のひとつに、どうやら僕らは選ばれたらしい。気軽に受けたメンター・ダイヤモンドの取材が、こんな大きなチャンスにつながるとはまったく予想していなかった。キャンペーンのフェイスブック公式ページで各団体の活動が紹介され、そこから誰でも、応援したいと思う団体に投票できる。その得票率で、総額300万円の支援金を分配するというものだった。2月5日までの約3カ月という長期のキャンペーン、激しい戦いになることが想像できた僕は、すぐさま緊急ミーティングを開いて対策を検討した。

キャンペーンの概要などを一通り説明したあと、僕はいつになく真面目な顔でささやくように言った。

「文字通りの総力戦になるぞ……」

メンバーも長く厳しい戦いになることをヒシヒシと感じているようで、どこか口数が少ない。

「本当に全員が全力を出さないと、最下位確定だね。うちらコネもなければメンバーも少ないもんね」

「外国人も総動員しないと絶対に勝てないわね」

と早紀と会計を務める上智大学2年の久保初穂（通称はっち）が言う。

「あれだ、対策班をつくろう。このキャンペーンに特化したグループで対策を講じて全体をリードしないとダメでしょ」

「対策班のリーダーは誰がやります？」

その年の9月に開催されたUNHCR難民映画祭ボランティアスタッフの打ち上げで隣の席になって、その後入会を決めた東京大学1年の兼澤真吾（通称シグナル）が質問をする。

「それは君だ！　几帳面で細かいことをうだうだ考えることができるのはシグナル、お前しかいないぜ」

みんな異論はなく、対策班リーダーをシグナルとし、そこに堅実な仕事をすることで定評のある凛ちゃんと早紀を加えて脇を固めることにした。

「それでは少し作戦を考えて、みんなに指示を出していきますので！　頑張りましょう！」

シグナルの初々しい宣言で、僕らの新しいチャレンジが始まった。

このキャンペーンにノミネートされたほかの5団体は、どこも手強そうだった。キャンペーン特設サイトには現在の得票率を表す棒グラフがあり、その下には各団体の紹介と代表の写真が載っている。規模が大きい団体やしっかりした支援母体がある団体がいくつかあり、どこも多くの得票数を集めそうだった。

「狙うのは33％、100万円ですかね」

特設サイトを印刷したものを眺めながらシグナルがそう呟く。

「まあ、あのなかで33％も取れたら素敵だけどね……」

凛ちゃんは基本的にいつも慎重だ。

「うちらが持っている戦力をいつどこで出していくか。そのへんの戦略が重要そうですね」

各々アイデアを出し合う。

「追い込みは難しいのが定説でね。基本的には先行逃げ切りがベストなわけさ」

「うーん、でも途中でバテたらどうするの？」

「そこはガッツですよ」

「ある地点までは我慢して、そこから一気に加速して抜き去ってゴールインがベストじゃない？」

「差しってやつね」

「そしたら、基本はまず我慢して、そこからまたどうするか考えましょう！」

結局決まったようで何も決まっていない作戦のまま、キャンペーンはスタートした。

開始して1カ月間はドングリの背比べ状態だったけれど、12月中旬から様子が変わり、僕らの作戦はすでに破綻しかけていた。

「うち、最下位だね（笑）」

ミーティングの場でタカがそう言うと、みんな照れくさく笑った。

「ここからですよ！　ここからです！　行きますよいよいよ！」

シグナルも笑いながら必死に作戦通りであることをアピールする。

「いままでは数名のメンバーしか投票のお願いをしていませんでしたが、ここからはもう一段階増やします」

「よーし、まずは3位くらいまで順位を上げる！　一瞬で追い抜いてそこからまた我慢だ！」

こうして、キャンペーン対策班第2陣として、ショーゴ、タカ、大将が中心に支援者を集め、僕たちは3位にまで順位を上げた。

海外から続々と応援が!!

年をまたいで2013年1月。今年で僕も3年生になるのかぁ、と余韻に浸りながらパソコンを開く。色鮮やかなサイトが映り、棒グラフがニューッと下から生えてくる。

「よしよし、3位を死守しているな」

とひとり呟き、ハムスターを撫でながら安堵する。と、思った瞬間、上位2団体の棒グラフが異常に伸びていることに気がつく。

「おいおいおいおいおいおいおい、やばいんじゃないのこれ」

どちらもラストスパートを開始していたのだった。1位と2位で全体の70%近くを独占する状態となっており、致命的な差が開いているように思えた。

即座にメンバー全員にメールする。

「へい！　今夜24時、スカイプミーティングやるよ」

「まさに提案するところでした！　第3陣の投入とその後のプランを決めましょう！」

とシグナルから頼もしい返事がすぐに届いた。

第3陣には残るすべての日本人メンバーを結集したにもかかわらず、僕らはその差を縮めることはできなかった。というのも、僕らが頑張っているのと同じように、ほかの団体も同じく頑張っているのだ。抜かすどころか差が縮まらないという状況、いよいよ危機感を募らせた僕らは最後の策に出る。

「僕らにはソマリア人がいる。ケニアとソマリアにはフェイスブックをやっている若者がごまんといる。彼らに協力してもらおう」

「そうですね、いよいよ外国人部隊を投入するときが来ましたね！」

「早紀の中国・韓国に加えて、陽右のルワンダ・ケニアかな？」

「でもどうやって外国人に投票をお願いするの？　サイトはすべて日本語だし、投票のプロセスも多いし……？」

「英語で投票ガイドをつくるしかないよね」

「英語でPDF1～2枚かなあ。全ステップをスクリーンショットつきで説明するものをつくりたいよね」

「で、誰がつくるの？」

早紀がニヤけながらそう言うと、みんなで早紀をじっと見る。そう、英語ができる彼女しかいない。

時間がないので、早紀とショーゴに英語の説明資料を3日間ほどでつくってもらい、それを各自外国人の友だちに一斉に送った。

「反応があるといいね」

「いや、ないとダメだろ」

というわけで、僕らはいよいよラストスパートを開始した。

けれども、1位2位との差はなかなか縮まらない。どうやら外国人の友人たちは、説明資料を見ながらでもうまく投票できないらしかった。結局僕らは、一人ひとりにスカイプで投票手順を説明することにした。

「ヨスケ、ここで日本語が出てくるの！　これは何？　何て言ってるの？」

「ああ、それは『ここに投票してよいですか？』っていう確認さ」

「ヨスケ！　この画面はどうすればいい⁉」

「おお久しぶり！　それはもう投票できてるよ！　ありがと！」

などのやりとりが日々続く。1月も下旬となったが依然として3位。長らく首位を守っていた団体の勢いに陰りが見えはじめたと思ったら、2位の団体がさらに伸びてきた。ついに1位と2位が入れ替わったころ、こちらにも光が見えてきた。

ソマリアやルワンダに住む友人たちが、フェイスブック上で投票を呼びかけていた。現地の言葉で「ソマリアを変えようとするヨスケを応援してくれ！」と書かれた無数の投稿。ご丁寧に各々自分なりの手順を書いてくれている。さらに、大学で知り合ったチェコ、リトアニア、台湾の友人たちも、それぞれの言語で僕の投稿をシェアしてくれている。僕らの票が急激に伸びていく。７５０票を超えたとき、いよいよ2位に浮上した。てっぺんが見えてきた……！

「相手も少し勢いが落ちてきています。まさにここが勝負どころです！」

常に状況をチェックしている対策班リーダーのシグナルから、全体にアナウンスが来る。

「いよいよもう本当に手札がない！　みんな１５０％出せよ。気合だぞ！」

「あと少し……！」

「私ちょっと高校の先生に連絡してみます！」

「バイト先の人たちにもう一回頼んでくる！」

みんな本当に必死に動く。

「俺も最後にダメ押しの投稿をしてみるわ。みんな、サポート頼む！」

海の向こうからくる強力で温かな後押しを背に、終了日の4日前、２月１日に最後の個人投稿をした。

「ソマリアはアフリカ東部に位置する国で、１９８０年ごろから内戦が始まり、１９９１年から２０１２年の21年間は無政府状態が続きました。そのあいだに2回の大飢饉が発生し、飢饉至上最悪の死亡率を記録したとも言われています。そして、過激派との戦いなどにより尋常ではない数の死者と難民が発生しました。あまりに治安が悪く、国際機関はおろか、世界的国際NGOまでもが満足に活動することができませんでした。ですが、いまは日本ソマリア青年機構があります。どうか、私たちの『可能性』を信じて、あなたの持つ一票を投じていただけませんでしょうか」

それがメンバーによってシェアされ拡散された。

そして、終了日の前日未明、僕らはついに首位になった。

「死守だ！！！！！」

起床してすぐ首位になったことを確認した僕は叫ぶ。

「うおおおおおおおおお！！！！」

と叫びながらパソコンの前に鎮座し、モニターとにらめっこしつつ、できるだけ友人に呼びかけ、最善を尽くす。

ほかのメンバーも同じ気持ちだったようで、それぞれパソコンや携帯を使って、最後の時間まで友人に連絡したりソーシャルメディアに投稿したりしてくれていた。

終了時間がゼロとなったとき、僕は力尽きて倒れこんだ。そのとき見たモニターには「９６０票」、「第1位」、「日本ソマリア青年機構」の文字と、得票率を表した鮮やかなグラフが映っていた。９６０票は全体の31％であり、獲得支援金は97万円と表示されていた。

当初の目標100万円にはわずかに届かないけれど、みんなが一丸になってもぎ取った、奇跡の1位だった。

97万円をどう使う？

アメリカン・エキスプレスのキャンペーン真っ最中の1月下旬は、どの大学も期末試験の時期だった。つまり、ほとんどのメンバーは票集めと並行してレポート作成と試験勉強に追われていたため、すべてが終わったころには体力は一切残っておらず、まさに満身創痍だった。

「あああぁ、疲れた。本当に疲れた」

放心してぐったりしているとケータイが鳴る。

「成田空港に到着しました！」

タカとショーゴと大将が写っている写真が同時に表示される。そう、実はアメリカン・エキスプレスのキャンペーン終了日の2月5日は、第2回現地渡航の出発日でもあったのだ。このとき僕は金欠のため参加できなかったので、現地での訪問先への交渉や、現地からの報告を受けての意見提案など、日本から遠隔サポートをすることにした。タカから続けて空港の状況が送られてくる。

「サッカーボールの空気が抜けません！」

サッカーボールに膝蹴りを入れているショーゴと大将の写真が届く。日本で集めたスポーツ用品を現地に持っていくCSSPでは予想以上に用品が集まり、そのほとんどを自分たちでケニアに運ぶという試みだった。

「スパイクは履いていきな！」

わけのわからないやりとりをしているうちに搭乗時間となった。どうやら荷物はなんとかなったらしい。

第2回現地渡航の目的は、スポーツ用品を届けるCSSPの実施と、97万円を活用した新たなプロジェクトのためのニーズ調査とした。今回も、政府や援助機関など、さまざまな組織の関係者に話を聞きにいく予定となっていた。

渡航者が現地にいるあいだ、僕は日本でひとつのことを考えていた。

「97万円を何に使えばいいのだろう」

いきなり答えが見つかるわけでもなく、ニーズを踏まえながら色々と考えてみる必要があった。

何か新しいことを考えるとき、僕はよく公園や川に行ってぼーっとしながら考える癖がある。部屋の中でじっと座っていると息苦しくなるので、新鮮な空気が欲しくなるからだ。ちょうど雪が降っていたが空気は澄んでいたので、近くの公園に行ってベンチに座った。遠くを眺めながら、これまでのことを思い出し、アイデアを探ってゆく。

「ユースに何ができるのか……ユースがやるべきことは何か……ユースにしかできないことは何だろうか……」

そもそもユースってなんだ？　30歳以下ならユース？　ざっくり若者？　はて？

国際協力の分野では近年「ユースの力」に注目が集まっている。「ユースが大事！　これからはユースの時代！　ユースに目を向けよ！」とよく聞くけれど、誰のことを指しているのか。国際会議や大きなイベントのような、かっこいい舞台で声高にそう叫んでいるのは、いつも有名大学のエリート学生のような気がする。ユースを「30歳以下の人」とする定義もあるが、その対象のなかには僕たちが、もしくは社会が、世界が、認知していないユースもいるんじゃないか。最高に恵まれた環境にいて輝かしい将来が薄ら見えている学生が、「ユース！」と大統領のように演説し、拍手喝采で幕を閉じる。そんな光景を僕はこれまで何度か見てきたし、いまその様子を想像しても、なんだかムズムズする。

いつだって簡単に答えは出てこない。バイト先の塾で指導している生徒に聞いてみる。

「沼田君、ユースとは何だね？　さあ君の定義を言ってみたまえ！！！」

「ははっ！　永井先生って哲学者みたいで面白いっすよね！」

僕は複雑に考えすぎなのかもしれない。

ひとりで考え込みながらバイトに明け暮れているとあっという間に時間が過ぎ、現地渡航組が帰国した。３人とも毎日動きっぱなしで疲れていたものの、非常に充実した時間だったということは彼らの表情が物語っていた。

「ＣＳＳＰも無事にできたし、色々と調査もできたよ！　ＣＳＳＰではソマリアのサッカー代表チームの元キャプテンも参加してくれた！」

大将が意気揚々とそう告げると、

「いや実際今回はめちゃめちゃハードでしたよ！」

とショーゴが笑いながら感想を言う。

「そしてこれがお土産です！」

タカが紙袋をドサッと机に置いた。

中には、メンバーの名前が入っている砂の置物といくつかのＣＤが入っていた。

「これはアブディラシードっていうソマリアで有名な吟遊詩人のＣＤ！　良い奴だったよ」

CSSP でスポーツ用具を届けたイスリー小学校の子どもたち。一度は悩んだが、サッカーは氏族の垣根を越えるスポーツとしてソマリアで愛されており、子どもたちの喜ぶ姿に活動の意義を実感している。

「吟遊詩人～？」

耳慣れない職業に一同眉をひそめる。

「いわゆるラッパーなんだけど、その昔ソマリアに文字がなかったときは伝承するために詩を使っていたらしく、いまでもその方法で人々の日常や気持ちを歌っているらしいよ」

「ムナ曰く、ソマリア人の詩はソマリア人でも理解することは難しいんだってさ」

「伝承できてないじゃんそれ（笑）」

「そんでこっちが〈ワヤクスブ〉のCD！　念願叶ってようやく会えた！」

〈ワヤクスブ〉は、ケニアに住むソマリア人難民の若者たち数名によって２００４年に結成されたバンドで、ソマリアの平和への願いを込めた歌をつくっている。戦争反対や命の尊さを訴えていて、以前から僕らが会いたいと熱望していた人たちだった。いまやワヤクスブは、ソマリアツアーを実施したりCNNなど大きなメディアに取り上げられたりするほど有名になっている。そのため武装勢力から狙われるようになった。実際に常に脅迫を受けており、ボーカルのメンバーは襲撃されたこともある。

「リーダーのシネが言ってた言葉がすごく良かったですね。〝もし僕たちが歌うことをやめれば過激派の人々の思うつぼだ。だから僕たちが、自爆テロや殺人は良くない、と歌い続けることが勝利につながるんだ〟。良いこと言いますよね」

ショーゴが伝えてくれたワヤクスブのメッセージは、僕に大きな示唆を与えてくれた。

「ワヤクスブみたいな若者たちって、本当に影響力がありそうだよな。こう、真のユースというか、本当のヒーローというか。97万円を使うならこの辺に懸けてみたい。まだ全然具体的じゃないけどね。そういえばニーズ調査はどうだった？」

「今回も概ね前回と同じだったよ。日本とソマリアをつなげてほしいって声も多かったけど基本は治安改善とかだったね」

「治安改善って言われてもなあ。まあ、これから報告会準備と並行して、97万円を使う新プロジェクトを形にしていく流れで！　渡航者は報告書を早急によろしく！」

「渡航よりも報告書作成のほうが大変なんだよな」

愚痴をこぼすショーゴをなだめつつ、その場は解散となった。

あっという間に時は過ぎ、僕は3年生になっていた。ある日、少し趣向を変えて、自分であれこれ悩むのではなく、情報収集しながら色々考えてみることにした。ナイロビとイスリー地区の治安について、ひたすら検索をかける。日本語の情報はほとんどないので、英語を使ってとにかく調べる。それでも情報が足りないので、ソマリア人メンバーでレスポンスが早く、とにかくよく喋るファラハンに電話をかけて話を聞いてみることにした。

「ヘイヘイ、ファラハン元気？　いつもニーズ調査で治安改善ってのが出てくるんだけど、その原因ってなんなの？」

「元気だよヨスケ！　イスリーにはな、ギャングがいるんだ！　彼らが治安悪化の原因になっている。私も夜は歩けない。ギャングたちは夜行性だ！」

「ギャングの組織があるってこと？」

「イスリーには〈スーパーパワー〉と〈SK〉という2大ギャング組織がある！　トップはソマリアの武装勢力の幹部で、非常に強力だ！　だから治安が良くならない！」

イスリー地区の若者たちが、ソマリアのイスラム過激派組織〈アルシャバーブ〉のリクルート先になっているということはよく言われていることなので知っていたが、そのリアルの一部に触れている、そんな気がした。

「私の友だちも数人ギャングになってしまった！　彼らは道を誤ったユースたちだ！　犯罪行為を日々おこなっている！　同じ難民や移民でも、私たちみたいに未来に向かって日々活動している人々もいるのに、彼らはダメなんだ、ヨスケ！」

ファラハンは鬼気迫る口調でそう教えてくれた。

メディアで華々しく取り上げられる「ユース」とはまったく違う若者たちの存在を知った僕は、電話を終えたあともしばらく考え込んでいた。脳裏に浮かぶのは、ツバルのエネ

ソマリア人メンバーのファラハン。活動へのコミットメントが高くフットワークも軽いので、現地の団体との交渉やファシリテーションを担ってもらった。

レさんの「人と人とのつながりが平和を創り上げる」という言葉と、ワヤクスブのリーダーが言った「歌い続けることが勝利につながる」という言葉、そして「Realization（気づき、実現）」という僕らの理念。それらが交わる場所に、僕らがやるべきことがあるという確信が生まれつつあった。

ギャング向けプロジェクト始動！

それまで、治安改善に取り組むのは学生には無理と諦めてしまい、本当に無理かどうかまでは考えていなかった。

「ギャングたちがユースなら、同年代の僕らと彼らのあいだにつながりを創り上げることができるはずだ。もし彼らをこちら側に取り込むことができれば……。ユースが大事と言われるこの時代に、僕らは全世界から見捨てられているユースに目を向けようじゃないか！」

すぐさま企画書をつくりはじめる。劣悪な治安の原因であるユースギャングを社会の変革者へと変えることができれば、治安改善とテロ予防につながるし、ソマリアの未来を担う若者の創出にもつながる。日本人とソマリア人が力を合わせる、この団体にしかできないことが、ここにある。色々なものがつながっていく感覚を感じながら、企画書作成を急いだ。

「新しいプロジェクト案をようやく考えついた。みんなこれを読んでくれ」

ミーティングルームでみんなの前に立って、真剣な口調でプレゼンを始めた。

「僕らはこれまで自分たちが〝やりたいこと〟と〝やれること〟のギャップに苦しんできた。どんなに熱意や覚悟があったって紛争の最前線には行けないし、行けたとしても何もできないという実情があった。学生だから、という理由で色々なニーズや可能性から目を背けてきた」

久々の僕による真面目なプレゼンということで、メンバーたちも真剣な表情で僕とスクリーンを見つめる。

「大人ではなく学生にしかできないことを、覚悟を持って全力で実行する。これが僕らの存在意義だからこそ、僕らはそれが何なのかを必死に模索してきた。けれど見つけることができなかった。ならば、創り上げるべきだ。僕は人と人のあいだにある何かに懸けてみたい。アプローチするニーズは、ずばり〝治安改善〟。潜在的なテロリストと呼ばれる、ソマリア人ユースギャングを対象とする」

後輩たちは目を真ん丸にしている。

「同年代のギャングを駆逐するのではなく、彼らを仲間として受け入れ、一緒に社会を変えていく。実際に武装解除をおこなうものではないが、信頼関係を軸として将来の武装化・過激化を予防するという意味で、新しい武装解除プロセスがここにある気がする。これこそが、僕らにしかできないことだ。プロジェクト名はギャングと一緒に起こすムーブメントという意味の『ムーブメント・ウィズ・ギャングスターズ（Movement with Gangsters）』、治安改善とテロ予防を目的に、中長期でソマリア人ユースギャングの積極的社会復帰を目指す！」

僕はこのプレゼンに、確信と思いを込めた。メンバーは再度企画書に目を落とし、少し時間が流れる。

「もしこれができたらすごいっすね！」

という声が沈黙を破った。凛ちゃんと大将もそれに続く。

「リスクはあるけど、うまくリスクヘッジできたら本当にすごいかも」

「これすごいじゃん！　ソマリア人メンバーの協力があれば、たぶん可能性高いよね」

反対意見は出ず、メンバー全員が賛成を表明し、この新プロジェクトの実行に向けて準備を始めることになった。

「どうやってギャングをリクルートするかなど、まだまだ検討事項は多い。ソマリア人メンバーたちと打ち合わせながら、そのあたりも詰めていくよ」

僕は図書館にこもり、武装解除や平和構築だけでなく、異文化理解やコミュニケーションの本を読み漁り、プロジェクトの内容を必死に考えていた。ある程度決めた内容は、5～6日間でおこなう次のようなワークショップだった。

① 10名ほどのユースギャングを集める。
② イスリー地区の問題点をともに解決する仲間として彼らを迎え入れる。
③ イスリー地区の問題点をともに議論する。
④ そこからギャング問題をピックアップして問題に対する当事者意識を高め、主体的な行動を促進していく。

また、社会復帰の第一歩となるように、修了証と少額の金銭をプロジェクト最終日に授与することにした。

この案をたたき台にして、ソマリア人メンバーに意見を聞きながら、プロジェクト案をより具体的にしていった。

大声でよくしゃべるファラハンは「これはすごいプロジェクトになる！　ヨスケ、ほかのNGOにも連絡して協力を頼んでみるよ！」と言い、ナイロビ大学の学生で非常に頭の回転が速いファルークも「非常に意味のあるアクションだ。我々も動きはじめてみるよ」と太鼓判を押した。

プロジェクトの実施に向けて色々な検討事項を詰めていき、コンテンツがかなり具体的になってきたとき、ムナから一通のメールが届いた。そこにはアメリカン・エキスプレスの支援金を使う新プロジェクトの企画書が添付されていた。内容を見てみると、みんなで演劇をおこなって、ドラッグや犯罪行為はダメだということを訴えよう、というものだった。

この案を見た日本人メンバー一同は、真剣に受け止めなかった。

「なんじゃこりゃ⁇」

「演劇？　あのソマリア人メンバーたちが劇をするってかわいいところあるじゃん」

「おい、ヘラヘラしてる暇あるならガントチャートつくってくれ」

夏におこなう第3回現地渡航も近づいていたので、僕らはその案にはあまり注意を払わず、ムーブメント・ウィズ・ギャングスターズの最終調整に入った。しかし、この軽率な行動がのちに修羅場を生むことになるとは、このときは思いもしていなかった。

SOMALI WOMEN DEVELOPMENT CENTER
FADLAN BOOOO
GOOBAHA CAAFIMAADKA

5 挫折
僕らの暗黒時代

SOMALIA Mogadishu

「ヨスケ、私たちを無視したよね」

「なんか……ソマリア人メンバーたちと連絡がとれないぞ」

渡航までいよいよ1カ月となったころ、僕は苛立っていた。ソマリア人メンバーが急に音信不通になったのだ。

「最低でも2～3週間に一度は、スカイプミーティングをやるはずでしたよね。最近全然やれてないですよね⁉」

最近団体に加入した、学習院大学の1年生の鯉江昂（通称カープ）が、率直な疑問を僕に投げかける。

「ルール上はその通りだよカープ。でも彼らが反応してくれないんだ」

「それは困っちゃいますね！」

「新プロジェクト、ほぼ日本人メンバーだけで考えてきてしまったし、フィードバックや議論の場が欲しいんだけどな。このままの調子だと、最終的な詰めは現地でやることになりそうだなあ」

「渡航もやばいけど、期末テストも最高にやばいんだけど……」

「俺もだっつーの……」

どのメンバーも準備で手一杯だった。ソマリア人メンバー幹部のムナやジャマと連絡がとれないので、レスポンスがあったファラハンとファルークや、早稲田大学に留学しているアブディたちとコミュニケーションをとりながら、渡航スケジュールやプロジェクト会場などを決めていった。結局そうこうしているうちに現地側とまともに議論することなく、出国日が迫ってきていた。

「やはり諸々現地で議論して決めていくことになるから、向こうではかなり忙しくなるよ。体調管理したうえで、ある程度は覚悟しておいてくれ」

出発直前のミーティングで僕がそう告げると、カープが思いついたように言った。

「そういえば一昨日、ナイロビの空港で火事がありましたが、僕たちは入国できるんでしょうか!?」

「カープ、そこはガッツだ」

実は、連絡が途絶えたのは、ソマリア人メンバーだけではなかった。直前に参加を表明した2名の日本人メンバーが、連絡なしにミーティングに参加しなかったのだ。

「渡航直前なのに何やってんだよ！　あまりに無責任だ！」と僕が怒っていると、2人から渡航活動に行けなくなったという連絡が届いた。僕らはその理由をじっくり聞く暇もなく、出国日を迎えた。不吉な予感を感じつつ、僕らはアラブ首長国連邦の首都アブダビを経由して、ナイロビへ向かった。

「帰りはアブダビで思いっきり遊ぼう」

「遊べるほどの金と体力と気力が残ってたら最高だな」

無理に明るくなろうとする僕らが虚しい会話を繰り返しているうちに、飛行機はアフリカ大陸に到着した。


ここ3年間で3度目のナイロビ空港には、これまで見たことがない光景が広がっていた。先日起きた大規模な火災の影響で、空港全体が大きなテントになっていたのだ。テントを抜けてから、ファラハンに電話をする。

「遅くなってごめんファラハン！　無事ナイロビに着いたよ！　いまどこにいる？」

「あーヨスケ！　よく来た！　あと5分で着くからちょっと待ってくれ！」

「あと5分」というお決まりの文句を懐かしみつつ待っていると、前回よりもさらに大きくなったムニラと、仕草がとにかく可愛いルキアが来てくれた。40分後、ファラハンと一緒に、見た目は完全にヤクザなジャマルが迎えに来てくれ、さっそくタクシーに乗り込む。

「日本人メンバーのみんな、ようこそ！　ヨスケは身長また伸びたね？」

「ああ、いまじゃ誰よりもデカい自信あるよ。そういえばムナやジャマは？」

「彼らは最近自分の仕事で特に忙しいんだ。でもプロジェクトには参加するから心配しないで大丈夫だよ」

ボロボロの宿に着いてから彼らと一緒にご飯を食べ、翌日からの日々に備えて泥のように眠った。

翌朝起きてみると、早稲田大学に留学しているアブディから連絡が届いていた。

「さっきナイロビに着いたよ！　荷物を置いたらそっちに向かうね」

実は今回の渡航にはアブディも参加を希望していた。彼にはコーディネーターという立ち位置でソマリア人との交渉を担当してもらった。

新プロジェクト「ムーブメント・ウィズ・ギャングスターズ」の詳細を詰めるには毎日話し合う必要があり、会場費節約のためミーティングの場所は僕らが泊まっている部屋になった。ミーティング初日は、ソマリア側の幹部のムナとジャマ、渡航前から相談していたファラハンとファルークとアブディ、空港まで迎えに来てくれたルキアとジャマルの7人が、なんと30分ほどの遅刻で僕らの部屋に集合してくれた。基本は2時間遅刻というソマリア文化のなかで、この程度の遅刻ですむということは、かなり気合いが入っていることを意味していた。

「さっそくミーティングを始めよう！　まずはこのまえ共有したプロジェクトの最新版プロポーザル（企画書）を配るから見てくれ」

ソマリア人メンバーたちはまるで初めて見るかのようにまじまじとプロポーザルを眺めると、お互いにソマリ語でぼそぼそと何かを話したあと、ソマリア側の会計を務めるジャマが僕に向かって驚きの発言をした。

「この予算には私たちへの報酬が含まれてないわ」

予想外過ぎる意見に一瞬硬直するも、すぐに気持ちを立て直して返答する。

「報酬だって？　冗談でしょ？　僕らは誰ひとりとして報酬なんか貰ってないし、まえからそういう約束でやってきたじゃないか」

「まえはお金がなかったからしょうがなかったけど、いまは97万円もあるのだから、私たちへ報酬を払うべきだわ」

「いやいや、いきなり97万円全額使うつもり？　継続性も大事だし、一回目で失敗したらどうするつもりなの？」

いきなりの険悪なムードに、ほかの日本人メンバーは厳しい顔をして固まっている。団体が持つ資金が限られている以上、妥協できない僕はさらに続ける。

「第一、僕らは予算だって何回も共有してきたよ。会計のはっちもジャマに何度も連絡していたよね。そこで意見してくれればよかったのに、いまそんなことを言われても、認められるわけがないじゃないか！」

ジャマは大きなため息をつき、ムナの方を見た。今度はムナが、想定外のことを言いはじめた。

「ヨスケ、私たちを無視したよね」

「無視？　何を言っているんだ？」

「啓発目的の劇をするという私たちの提案を無視したじゃない！」

「啓発目的の劇……？」

僕が困惑していると早紀がささやき声で教えてくれた。

「春先に届いた企画書のことだと思う。あれたしか演劇だったよね」

記憶の彼方に葬り去ったかすかな記憶が蘇る。そういえば、僕らが一蹴しただけで返信もしなかった謎の企画書があった。

「ああ……、ごめん……。忙しくて返信するのを忘れていた。本当にごめん。だけど、無視されたからといって、仕返しに僕らからのコンタクトを無視するのもどうかと思うよ」

ソマリア人メンバーたちがジロリとこちらをにらむ。ソマリア側のリーダーであるムナも、緊張した雰囲気を感じとったらしく、仕切りなおす。

「オーケー。ヨスケの言う通り私たちにも非はあるわ。私たちはムーブメント・ウィズ・ギャングスターズにあまり異論はないの。賛同するわ。ただ次からは私たちの意見もしっかりと聞いてよね」

ムナ姉様がそうまとめると、サングラスがギラリと光るジャマルが食い下がる。

「協力はするが、報酬は出すべきだ。ここでは何をするにも金を払う必要がある」

ジャマルはそう言って、ジャマとともにつくったらしい即席の予算案を出した。

「君たちへの報酬が予算の7割以上じゃないか！　僕らは君らに小遣いをあげるために97万円を獲得したんじゃあない。何かを変えるために獲得したんだ！」

ジャマルは微動だにせず、無言でこちらをじっと見ている。僕も負けじとまっすぐ見返す。

「大きな活動をするにはスタッフに報酬を出すのは当たり前だ。それができないのであればこんな活動をすることはできない」

「報酬を絶対出さないとは言っていない。僕はその報酬の割合が気に食わないんだ。そして報酬について議論するならもっと時間をかけて考えるべきだ」

「だが、お前は俺たちを無視した」

「おいおい、そんなこと言うなら、君らのほうがいままでよっぽど僕らを無視してきたじゃないか。毎回2時間の遅刻は当たり前、それに加えてミーティングやフィードバックもすぐすっぽかす。日本側は予算の管理だけでなく、定期的なスカイプミーティングの設置、英語版の議事録の作成、重要事項のシェアなど、うまく議論できるようにさまざまな工夫をしてきた。けれど君たちはそれを活かさなかった」

ジャマルと僕の緊張感あふれる戦いは続く。

「なんによせ金があるなら報酬を出せ。それがここでのルールだ」

「現時点でうちのルールではないけどな」

そこで、場を収めようと割って入ってくれたのはアブディだった。

「オーケーオーケー。もう時間も遅いし日本人メンバーたちも疲れているし、また明日以降議論していこう。まだ時間はあるしね」

こうして第1回目のミーティングは終わった。

「……めちゃめちゃな事態だな」

ご飯を食べながらタカがそう呟く。

「報酬どうしようか……？　力負けして結局あげることになっちゃいそうだけど……」

早紀がそうぼやくと、僕は憤然として言った。

「絶対にあげないから。あんなバカみたいな額の報酬を出すくらいなら、国境なき医師団に寄付したほうがましだね」

「明日になればプロジェクトの具体的な話を進められるでしょうし、楽しみですね！」

重たい空気をかき消そうと、カープが励ますように言った。もう寝る時間になったので、冷水シャワーを気合いで浴びてギシギシと軋むベッドに飛び込んだ。

ギャングとの初対面

朝6時、早起きのカープがいち早く起床して、ほかのメンバーを起こしてくれた。僕らは前日に買っていた朝食を半開きの目で貪る。宿にはキッチンも冷蔵庫もないので、食事は外食かインスタント系が多い。早紀とカープはドーナツや飲むヨーグルトですませるのだが、大食いである僕とタカは、毎朝インスタントラーメン2つと大きなドーナツをメインにして、さらにヨーグルトやポテトチップスも頬張る。ちなみに夜はもっと食べる。朝食のあとは、その日のブリーフィングや準備を始める。

報酬について、3日間みっちりとソマリア人メンバーたちと議論を重ねたが、結局のところ折り合いがつかなかった。その影響で数名のソマリア人メンバーはプロジェクトへの参加をボイコットすることになり、残ったメンバーたちでどうにか議論を進めて急ピッチで詳細を詰めていき、前日は徹夜で準備をした。

そんな状態でプロジェクトを迎えることになってしまったので、急遽今回のプロジェクト内容を変更し、ギャングではなくギャングを取り巻く人々をメインターゲットにすることを提案した。準備が不十分なままでギャングを巻き込むよりも、これから協力者になってくれそうな人たちに働きかけて、社会側のギャングに対する偏見に影響を与えたほうが良いに決まっている。

「ヨスケ、今回の変更はとってもいいと思う。まずはギャングと近い社会や人々から変えていくことは意義があるし、プロジェクトの初回に相応しいわ!」

プロジェクト会場に向かう道すがら、ムナは手放しで褒めてくれた。会場はイスリー地区にあるイスリーフェローシップセンターという施設で、バスケットボールコート、大きなホール、ジム、学習スペースがある素敵な場所だ。僕らが会場に到着すると、この近くに住んでいるファラハンが朝から会場の設営をしてくれていた。

「ヘイヘイ、おはようみんな！　今日は知り合いのギャングに、ここに来いと声をかけてあるから何人か来ると思うぞ！　楽しみだな！」

相変わらずのファラハン節。特徴的な喋り方と憎めない顔で日本人メンバーから人気のあるファラハンだが、実はソマリア人メンバーからは「とてつもなくジコチュー（自己中心的な人）」という烙印を押されていて、若干煙たがられている。ソマリア人メンバーの意向に反して、事前に日本人メンバーとプロジェクトの内容を詰めていたことも、悪い印象を与えたのかもしれない。ジコチューといっても、ファラハンに悪気はないから可愛いものだと僕は思うけれど。

「ヨスケ！　タカ！　サキ！　カープ！　まだ会場の準備ができていないし、参加者が来るのはもっとあとだ！　少しスポーツをしてくるといい！」

「そういえば、ここバスケができるんだったわ。よーすけやりに行く？」

第2回渡航時にここに来たことのあるタカが誘った。

「そのために来たようなもんさ」と準備万端の僕。

コートでは、10人ほどのソマリア人の若者がバスケをしていた。小学校から高校までガチガチのバスケ少年だった僕から見れば、彼らのレベルは素人の域であるものの、久々のバスケに心が躍る。

「ヘイヘイ！　俺たちは日本のバスケットボーラーだ！　ちょっと勝負しようぜ」

こうして日本対ソマリアの３ｏｎ３勝負がスタートした。結果はなんと日本の惨敗。余裕で勝てると思っていたものの、なまりと体力の低下で身体が思うように動かなかった。

「よーすけさんもタカさんも、スポーツマン気取るくせに案外ダメでしたね！」

試合後にカープが笑顔で声をかけてくれた。

疲れた僕らはコートサイドのベンチに腰掛け、近くに座っているソマリア人たちと話しながら、治安に関することも聞いてみた。しばらく雑談していると、バスケに興じていたカープが汗をかきながら、僕のところに走ってきた。

「よーすけさん助けてください！　あいつらめちゃめちゃ挑発してくるし、ムカつくんですよ！」

カープの目線の先には、コートの奥にあるベンチに座ってこちらを挑発的に見てくる若者たちがいた。

「なんだあいつら？」

彼らの方を向いて僕がそう言うと、

「奴らはギャングだよ。関わらないほうがいいよ、ヨスケ」

僕とお喋りをしていた2つ年下のソマリア人青年が、そっと忠告してくれた。

「心配ないよ。たぶんあいつら僕の友だちが呼んだギャングたちさ」

僕は忠告を受け流して、奥のベンチへ向かっていった。

「ヘイ、僕はヨスケ。日本ソマリア青年機構というNGOの代表さ。会えて光栄だよ。君たちと一緒に社会を変えようと思ってここに来たんだ」

7~8人ほどのギャングが、ニヤニヤ僕のことを見つめている。プロジェクトについて説明したところ、突然ひとりのギャングが叫んだ。

「じゃあまず俺の目を治せ。おい。何かしてくれるんだろ？　ほら治せよ！」

そのギャングは左目が真っ赤に充血していて、ものもらいのような病気にかかっているようだった。大声で叫びながら詰め寄ってくるギャングにピリピリした恐怖を感じつつも、立場上退くことのできない僕は、なめられないように彼の目をまっすぐ見返して、冷静を装った態度で協力を仰いだ。

「君の目についてはもちろん善処したいが、僕は医者でも大富豪でもなく、君と同じただの若者だ。君たちに力を貸してもらいたくてここに来た」

僕の目の前まで迫ったそのギャングは、僕の目をにらめつけながら「ノーノーノー！何かしたいのならまず俺の目を治せ!!」と怒声を上げた。

対話をするはずだったのに、喧嘩が始まりそうな雰囲気だった。ほかのギャングたちと話をすることも、一時撤退することも、ことごとく左目充血ギャングに阻止される。こちらがどんなに話そうとしても、まるで聞く耳を持とうとしない。僕が彼から目をそらすと「ヘイ！　待て待て待て！」と叫びながら腕を強く掴まれる。次第に僕も彼の目をにらめつけるようになったころ、ファラハンが現場に到着してソマリ語でギャングをなだめてくれた。結局お互いの距離は一向に縮まることはなかった。

「お前の名前は覚えたからな」

ギャングは僕の名刺をピラピラしながら、捨て台詞を吐いて去っていった。

「ヨスケ！　なぜやつらに名刺を渡してしまったんだ！」

ファラハンに叱られて、自分の向こう見ずな行動が持つリスクをようやく理解した。ソマリア人メンバーたちからは「今回は危ないからもうギャングの前に出るな」と忠告をされる始末。いま思えば本当に愚かな行為だったが、改めてギャングと対峙することの重みを、心の底から理解することができた。この一件以来、もちろん僕を含めた日本人メンバー全員に対し、知らないギャングと直接接触することを禁じた。

プロジェクト自体は、ソマリア人メンバーの活躍により、大成功に終わることができた。

このような対話のセッションは、ソマリア人メンバーが以前所属していたICOで活動してきた実績と経験があり、日本人なんかよりはるかに場馴れしていたのだ。22名の参加者の多くがイスリーで活躍するユースたちで、ギャングの影響などさまざまな問題について議論を深めた。朝8時30分から14時まで長時間のプログラムだったが、遅刻や欠席はほぼなかった。会場にはなんと噂を聞きつけたソマリア国営放送が全日取材に来てくれ、立派なカメラと照明が設置された。テレビの取材に気が引き締まったのか、発言がどんどん増えて議論はさらにハイレベルのものへとなっていった。

「先日ケニア警察がこの地区を一斉捜索して、かなり多くの若者を逮捕していった。あれはどう評価するべきだろう？」

参加者のひとりがフロアに問いかける。

「全否定する気はないけど、適切な方法だったとはいえないだろう。逮捕者には無実の人々がたくさんいたし、拘置所から出るためにはたくさんのお金も必要だ。警察はそのお金欲しさに逮捕しまくっていたんだ」

「一斉捜索して、怪しい人は全員逮捕というやり方のどこに正義がある？　そもそも逮捕の際の基準が〝見た目〟だなんて、誰も納得するわけがない。あんな強硬な姿勢は、ケニア人とソマリア人の対立をさらに深くしていくだけだよ」

「でも、それ以外にどんな方法があるんだろう？ この地区をどうにかしたいという警察側の論理も理解する必要があるはずだ。たとえば〝調査〟という名目で一人ひとりに聞き込みをおこなおうとしても、そもそもここの住人は誰も警察を信用せず、歓迎しないかもしれない。だから強硬な姿勢に出るしかないと思っているかもしれないじゃないか。警察には、住民とつながる手段がないんだ」

「じゃあその手段はどうすればつくれる？ それは可能なんだろうか？」

「まさしくそこがひとつの問題だね」

真剣な議論が続き、問題の核心に迫っていった。終了時間まで、どの参加者も集中が途切れることはなかった。

また、ゲストスピーカーとしてアメリカ合衆国インターナショナル大学アフリカの教授や、ナイロビ市のイスリー地区の治安部門副主任をはじめとする有識者の方々を招聘《しょうへい》することができた。こうしてムーブメント・ウィズ・ギャングスターズの基盤と理解を得ることに僕らは成功した。加えて、多くの参加者が次回以降のプログラム実施に協力してくれることを宣言してくれ、地域のユースたちとのつながりを構築することができた。

プロジェクトの期間中、会場の入り口付近には数名のギャングたちがしばしばたむろしていたため、彼らが中に入ってこないように交替で見張りを立てていた。しかし、驚いた

第１弾ムーブメント・ウィズ・ギャングスターズの修了式。
どのギャングたちも誇らしげだった。

ことに、会場内で繰り広げられるプレゼンや議論をちらちらと眺めるギャングもいた。

そのあと、次回のムーブメント・ウィズ・ギャングスターズのコンテンツと今後の連絡に関する取り決めをして、今回のプロジェクトは終了した。

スタッフへの報酬に関する議論は、プロジェクト2日目にムナが決心して、ソマリア側が譲歩する形で決着がついた。お金にまつわるルールを両国共通の規約に取り決め、今後はそれに従って考えることになった。

具体的には、以下のようなものだ。

①メンバーへの報酬は出さない。ただし、プロジェクト期間中にかかるソマリアメンバーの交通費に関しては団体の予算から負担する。
②プロジェクトの予算は渡航よりもまえに協議のうえ決定する。
③年間予算は半年に一回議題に挙げて協議する。
④予算に関する提案や協議には、メンバー全員が見ることができるフェイスブックのグループページを使用すること。少なくとも幹部メンバーは必ずレスポンスすること。
⑤そしてこれらが守られない場合は、守らなかった側に責任があるとする。

また、両国において各役職の役割を明確にして連絡の窓口を固定化し、僕とムナが全体を統括する運営方法に定まった。

激戦区南部ソマリアへ

プロジェクトの事後ミーティングが終わると、早紀とカープは用事があるため先に日本に帰国することになった。

僕とタカはナイロビにもう少し滞在してから別の国に行くことにしていた。宿に戻り、早紀とカープがやってくれていた掃除と洗濯の役割分担をすることにする。

「よーすけが電話関係全部やってくれるなら、俺が食器洗いやるよ。嫌で嫌で仕方がないけどね」

「それ、パーフェクトね」

「洗濯はどうする？」

「洗濯は2人でやったほうが早いだろうし、一緒に一気にやっちゃおうぜ」

「おっ、いいねそれ。じゃあそうしよう」

大きなバケツに洗剤をぶち込み、洗濯物をゴシゴシ洗っていく。僕らの宿に洗濯機なんて贅沢なものはないのだ。

「2人で洗っているわけだし、もう手に取ったものは相手のだろうと洗おうな」

「わかってるわかってる」

「……」

「……」

「お前それまた自分のパンツじゃん」

「よーすけだってさっきから自分の靴下しか洗ってないじゃん」

15分ほど経ってお互いが洗ったものを見ると、見事に自分のしか洗っていない。2人でひとしきり笑ったあと、バケツに手を入れてひたすら回転させるという、洗ってそうで何も洗っていない方法を生み出した僕らはそれで満足しはじめていた。緊張感に包まれる毎日だったから、こんな他愛のないやりとりでも気分が落ち着いた。

「いよいよ明日からは、しばし別行動だな」

「ライオンに襲われて死んだりしないでね、ほんと(笑)」と僕が冗談を言うと、「俺のセリフだよそれ(笑)」とタカが半分笑いながら、半分真剣な様子で言ってくれた。

実は、これから僕はソマリアの首都モガディシュに行くことになっていた。そこは激戦区であるソマリア南部にある。ムナの親しい知り合いのアハメドさんが、モガディシュに駐留している多国籍治安部隊のAMISOM（アフリカ連合ソマリア・ミッション）で働いている。アハメドさんは長らくイギリスに留学し、ロンドン・スクール・オブ・エコノミクス（LSE）とオックスフォード大学で学士号と修士号を取得したとびきりのエリートだった。彼はムナから話を聞いて、僕に興味を持ってくれていた。僕らの現地渡航中にちょうどナイロビに来ていたアハメドさんは、僕と会う機会をつくってくれた。僕は日本ソマリア青年機構を立ち上げた背景や、今後やりたいことを説明した。すると、一緒にソマリアに来ないかと誘ってくれたのだ。僕がソマリアにいるあいだ、タカはひとり陸路でタンザニアに行くことになった。

モガディシュ行きの飛行機の出発予定時刻は早朝6時過ぎで、僕は深夜3時半に起床しなければいけなかった。2人とも寝起きが想像を絶するほど悪いので、僕の寝坊を心配したタカが3時半まで寝ずに、時間ちょうどに僕を叩き起こしてくれた。アハメドさんは約束していた5時半ピッタリに迎えに来てくれて、2人で空港へ向かった。

「最高級におはよう、ヨスケ。荷物は少なくできた？　クールで頑丈なブーツは買えた？」

長くイギリスに住んでいたこともあって、アハメドさんは僕が知っているソマリア人とは振舞い方も話し方もまったく違う。すべての面で洗練されているアハメドさんは、一言一言がなんだか洒落ている。僕も負けじとかっこよく話そうと意識する。

「荷物はこの小さいけれど多機能なバッグひとつ！　そして履いているのは岩をも蹴り崩せるほどしっかりしたブーツ！　言うことないでしょ？」

「パーフェクト！　そんな素晴らしいスタイル、ロンドンでも見たことないよ！」

そんなことをアハメドさんと話しているうちに空港に到着した。

「ねえ、アハメドさん！　あと1時間でフライトだから、急がないとヤバいんじゃない？」

「ヨスケ、良いことを教えてあげよう。ソマリア行きの飛行機はソマリア人と同じだよ。この意味わかる？」

「あ、遅刻するってことでしょ？」

「その通り！　スマートにゆっくり行こう！」

アハメドさんの言う通り、飛行機は1時間遅れて離陸した。

戦場では人のつながりが命運をわける

ナイロビからモガディシュへ、飛行機は静かに飛んでいる。とても小さな機体で、見たところ乗客は僕以外すべてソマリア人。1時間半ほどのフライトなので機内食はもちろん出ず、水一本渡されただけで、それ以外の飲食物は有料だった。どうもアハメドさんが暇そうなので、日本の100均で買った扇子をあげようと思いついた。

「ヘイ、見てよこれ。日本の伝統的な扇子！　ソマリアは暑いからこれをあげようと思って」

「こりゃ世界遺産ものだね、最高にクールだ。ちなみにヨスケ、これいくつ持ってる？」

「6つくらいはあるよ。なんで？　もっと欲しいの？」

「オーケー、それなら失くさないようにね。あとで使うことになるよ！」

色々と雑談をしていると、僕らを乗せた頼りない飛行機は、海岸線沿いにあるモガディシュの滑走路へ着陸した。一歩外に出ると、湿気を大量に含んだ熱風が迎えてくれた。あまりに簡素すぎる空港に入ると、アハメドさんが僕の耳にささやく。

「変なことをすると色々長引くしお金も取られるから、僕の言う通りにしてね」

まずは手荷物検査。アハメドさんにさっきの扇子を出してと言われたので、荷物から取り出した。

「それをあの検査員の女性に渡してごらん、ヨスケ」

僕は調子よく陽気に語り掛けた。

「どうもどうも、日本から来ました。これ日本のお土産です。こうやって使うと、ほら、涼しいんですよ！」

すかさずアハメドさんがノリノリで補足説明を入れる。

「やれやれ、どうやら彼は君たちに恋をしてしまったようだね」

検査コーナーは大爆笑の渦。厳しく調べられるだろうという予想を裏切り、みんなと握手して通過することができた。次はビザ確認と入国審査コーナー。ソマリアに行っていたジャーナリストの方々からは200ドル、300ドル、350ドルなどの「入国税」を取られるから覚悟するように、と言われていた難関だ。またもアハメドさんから指示が出る。

「ヨスケ、君は天才だからいくらかソマリ語を話すことができたよね？　あの厳しそうな方々にソマリ語で自己紹介をしてみてごらん。ここに来た目的もソマリ語で言えるとエクセレントだ！」

ついに僕の番が回ってくる。まだ暗記しきれていないソマリ語フレーズ集と、用意した文を頭の中で唱え続ける。

「次の人、カモン」

不機嫌そうな入国審査官だ。

「こんにちは、ご機嫌いかがですか？　僕はヨスケ、日本ソマリア青年機構の代表で今回は視察のためにモガディシュに来ました。ソマリアが大好きです。力を合わせて一緒に世界を変えよう！」

日本人大学生によるソマリ語での自己紹介が炸裂した。審査官は半笑いになりながら僕のソマリ語を聞き、そのあと僕の横を見てゲラゲラと笑いはじめた。なんと僕がスピーチしているあいだ、アハメドさんが横で僕を指さしながら、声をたてずに笑っていたのだ。

「いいやつだろこいつ。最高の相棒さ！」

アハメドさんが笑顔で言うと、僕らは通過を許可された。

空港という名のただの大きな部屋を抜ける際、アハメドさんが僕に数枚の1ドル札を渡してきた。

「外に出ると、子どもたちが近寄ってきて荷物を奪いにくるときがある。そうしたら1ドル札を渡しながら〝お菓子を買っておいで〟と優しく伝えるんだ」

モガディシュ空港は、AMISOMと国連の共同管理地域である「コンパウンド」の中にある。そのため、空港の外に出たらタクシーやバスが待っているというような、どこにでもある光景はここでは見ることはできない。代わりにAMISOMの兵士が空港を取り囲んでいるので、どうもピリピリした空気が漂っている。

アハメドさんは電話で1台のジープのような車を呼びつけ、僕らはそれに乗り込んでコンパウンド内にあるキャンプに向かった。数分で着いたキャンプは厳重な柵で囲われていて、ゲートには門番の兵士が立っていた。車を近づけるとその兵士が止まるように指示を出したが、アハメドさんは止まらずにそこを通ろうとする。

「ヘイ！　ストップ！」

兵士が肩からぶら下げた大きな銃に手を掛け叫ぶ。

「おいおいおい家族を止めるつもり？　久しぶり！　君に会いに来たよ」

アハメドさんはそう笑って場を和ませた。わざと止まらなかったらしい。こっちはヒヤヒヤものだ。

キャンプで諸々の登録など事務処理をすませたあと、珍しく真面目な顔をしたアハメドさんからひとつアドバイスを伝えられた。

「ヨスケ、ここは戦場だ。緊急事態の際は人との友好関係がすべてなんだよ。だから空港のスタッフ、お金をせがむ子どもたち、あちこちにいる兵士たち、関わったすべての人と友好な関係を築くことが何よりも大切だ」

アハメドさんの行動には意味があったのだと驚きながらも、僕も真面目な顔で「イエッサー」と答えた。

「甥っ子が死んだよ。お前に何ができる？」

安定している北西部ソマリランドに比べて、首都モガディシュがある南部は極めて苦しい状態が続いている。首都でありながらも治安を確保できておらず、とりあえず安定しているのは、武装したAMISOM兵士が駐留するコンパウンド内のみ。外に出たらいつ銃撃戦や自爆テロが起きるかは誰にもわからないので、外出する際は原則としてAMISOMの許可をとり、重武装のコンボイに乗ることになる。そんな映画のような世界が、ここにある。

僕は遠くには行かず、コンパウンド内の国内避難民キャンプを視察したり、ソマリア系現地NGOの代表たちと面談したりしていた。広場でサッカーしている子どもたちに石を投げつけられたことはあったものの、特に危険な目にあうことなく有意義な時間を過ごすことができていた。しかし、その平穏はすぐに崩れ去った。

2013年9月7日早朝、モガディシュの中心地で32名が死亡する自爆テロが起きた。いつもジョークばかり言っているアハメドさんも、その日ばかりは硬い表情で現場へ向かう。コンパウンド内はいつもと変わらなかったが、キャンプにいたジャーナリストたちはせわしなく電話をして情勢を把握することに必死だった。

夕方、アハメドさんはキャンプに戻ってくるやいなや、部屋に籠《こも》った。あの陽気な人が黙りこくっているなんて、これまで見たことがない。夕食になってようやく出てきたけれど、イスラム教徒でありながら彼はビールを豪快に飲み、怒りに満ちた表情で言い放った。

「今朝のテロで甥っ子が死んだよ。……ヨスケ、考えろ。お前に何ができる?」

食べていたステーキの味が瞬く間に消えていく。不甲斐なさでアハメドさんの顔を見ることができない。偉そうに「助けなくてはいけない!」と語っていたくせに、日常的に人が殺される世界の最果てで、僕にできることは何ひとつなかった。少しの沈黙のあと、彼は口を開いた。

「世界には紛争地がたくさんある。ソマリア、シリア、マリ、コンゴ、みんな『助けて!』と言う。考えろ。自分に何ができ、何をしなければならないのか。ときには〝何もできない〟が答えかもしれないがね」

アハメドさんは何も食べず、ビールばかり飲みながらタバコをふかし、携帯電話をじっと見つめている。適切な返答が浮かばないまま、僕の口から「しかし……」という言葉がこぼれたときだった。

「だが、何かできるのなら、やれ。ヨスケ、お前にはその使命がある」

力強い言葉を受けて、ようやく彼の目を見ることができた僕は、

「その使命を果たすつもりです。どうかもう少しだけ待っていてください。すぐ行き

ます」

と決意の表情で言い、頭を下げた。

アハメドさんは部屋に籠ってしまったので、僕は外に出て彼がくれたタバコをふかしにいくことにした。モガディシュの夜は静かで、波の音が心地よく聞こえる。外に出ると、僕の部屋の隣にある大部屋のドアが全開になっているのが見えた。部屋の明かりの中から、笑い声が聞こえる。そこにはビリヤード台があり、AMISOM兵士たちがゲームに興じているのだ。建物の近くの高台に立ってモガディシュ市街を眺めると、小さな光がぽつぽつと見える。空を見上げると、たくさんの星がくっきりと並んでいる。日本で見る星が、ここにもある。そんな当たり前なことを噛みしめた。

この地に戻ってくるには力がいる

大規模な自爆テロが起きたせいで、この日からコンパウンドの外に出ることが完全に禁止された。仕方がないので、キャンプでインターネットのニュースを見ていると、ひとつの記事が目に入ってきた。〈国境なき医師団（MSF）〉の日本事務局長エリック・ウアネス氏が書いた「ソマリアから撤退する理由」という記事で、タイトルの通り、ソマリアから国境なき医師団が撤退することと、その理由が書かれていた。

ソマリアから撤退することは実は8月15日に公表されていたのだが、渡航準備でその情報をキャッチしていなかった僕は、ここで絶望的なショックを受けた。国境なき医師団は、僕のヒーローだった。誰かがやらなければならないが、誰もできないことを気高く実行してきた団体だと尊敬していた。そのヒーローが撤退する。そんなことを認めたくなかった。

「この国でMSFを待ち受けていたのは度重なる襲撃、拉致、そして16人ものスタッフの殺害だった。脅迫、窃盗、そのほかの威嚇行為も頻繁に起きていた。世界にこれほど危険な国はなく、MSFにも限界がある。そして、過去5年間に起きた一連の事件によって、とうとう限界に達してしまった」

信じられない気持ちのまま記事を読み進める。大規模なテロがすぐ近くで起き、多くの人が犠牲になったこのタイミングで、僕のヒーローが敗北宣言をしていた。

「今回の撤退決定は、MSFの最も悔やまれる歴史の一部になった。……ソマリアの権力者たちが、各支配地域に住む人びとの医療問題を重視し、また、その提供のために多大なリスクを背負って活動する人びとを尊重しないかぎり、MSFがこの国に戻る可能性はない」

記事はこのように締めくくられていた。

僕は数回記事を読み返したあと、無言でパソコンを閉じた。キャンプ内の高台に行って、モガディシュ市街地をひたすら見つめることしかできなかった。

翌日、僕はアハメドさんとともにAMISOM本部に行くことになった。ソマリアの治安確保を最前線で担うAMISOMの本部は、迫撃砲が飛んできても簡単に崩れないように頑丈なつくりになっている。

「ヨスケ、君に会わせたい人がAMISOMにいるんだ。詳細はお楽しみさ」

アハメドさんがそう言っていると本部に到着した。殺風景ながら砂袋が敷きつめられていて、さながら塹壕《ざんごう》のようだ。

アハメドさんが連れて来てくれたのは、AMISOMの一事業部で、ソマリア国内のジェンダーの問題に取り組む〈AMISOMジェンダーユニット〉のオフィスだった。部屋に入ると、ジェンダーユニットリーダーのメネさんと、AMISOMで治安管理を担当する〈セーフティ&セキュリティユニット〉のピーターさんが迎えてくれた。

「ようこそモガディシュへ、ヨスケ。歓迎するわよ！」

「初めましてヨスケ。モガディシュはどうだ？」

どことなくムナ姉様に似ているメネさんと、絵に描いたように屈強な男のピーターさん。

この人たちがソマリアを守っている。

なぜソマリアなのか、いま何をしているのか、今後何をしたいか、そんなことを2人に説明すると、ピーターさんがしみじみとした顔で言う。

「ヨスケ、君と会えたことを光栄に思う。近い将来君がここに戻ってくることを心待ちにしているよ。一緒にソマリアをどうにかしようじゃないか」

メネさんはホワイトボードに書かれているプログラムのサイクル図を指して、説明してくれた。

「これは私たちが新たに実施する予定のプロジェクトの図よ。私たちは日々行動《アクション》をしているの」

親切にも、プロジェクトの企画書を印刷して渡してくれた。

「ソマリアはもう十分傷ついたわ。人々は幸せになる準備ができている。海外旅行にも行きたがっているし、色々なものを知りたいとも思っている。さらなるアクションが必要よ。ヨスケも頑張ってね」

隣でやりとりを眺めているアハメドさんは僕の肩に手を置き、無言でこちらを見て僕を励ましてくれた。話題は尽きることなく、あっという間に面会終了時間が来た。オフィスを出ようとすると、メネさんが僕を呼び止めてこう言った。

「ここに戻ってくるのなら、最低限の力をつけてきなさい。中途半端はいらないわ。まずはアハメドのように、イギリスの名門大学で紛争解決関係の修士号を獲得して、交渉や実務的な処理をこなせるスキルにも磨きをかけてくるのよ。そのあとに、再び会うことを楽しみにしているわ」

メネさんは優しく微笑んで、送り出してくれた。僕は深々と会釈をしてＡＭＩＳＯＭ本部をあとにした。

去る人、残る人――覚悟を決める

モガディシュでの経験を経て、ソマリアの問題に挑むということがどれほど難しいことか、改めて理解した。僕自身スキルや専門性を身につけなければならないし、そのためにはメネさんに言われたような大学院に進学する必要があることもわかった。

また、日本ソマリア青年機構を、もっとしっかりした組織にしなければと痛感した。ムーブメント・ウィズ・ギャングスターズには現地のＮＧＯや国際機関など、多くの人々が関わっている。そして活動のターゲットは、同年代とはいえ社会から危険視されているギャングなのだ。学生サークルの軽い気持ちで接したらさまざまな人に迷惑をかけて

僕をモガディシュに連れてきてくれたアハメドさん。
テロ事件で甥をなくしたときの、彼の表情が忘れられない。

モガディシュには、紛争で破壊された廃墟があちこちにある。
ここでも「想像を絶する痛み」に苦しんだ人がいるのだろう。

しまうし、僕ら自身が危険な目にあうかもしれない。メンバー全員に、そのことを理解してもらわなければならなかった。

ちょうど僕が日本を離れているあいだ、いくつか団体の問題点が浮き彫りになっていた。まずは団体内のルールや仕事を明確化し、体制を引き締めなおすことが当面の課題と考えた。

日本に帰国したあと、さっそくミーティングを開く。渡航者への労《ねぎら》いの言葉がみんなから寄せられたが、ふと疑問に思った。

「あれ？　なんか人数少なくない？」

僕がそう言うと、副代表のひとりである早稲田大学1年の関口詩織（通称しおりん）がおどおどしながら答える。彼女は僕と同じように、高校生のときにルワンダのジェノサイドを知って紛争問題に関心を持った。大学に入ってから、合唱サークルに所属しながらいくつか国際協力サークルをあたったものの、「現地で活動している団体で本気の活動をしたい」との思いから日本ソマリア青年機構に参加してくれたらしい。

「やっぱり夏休み期間なので、どうしても出席率は悪いですね……」

「事前にミーティング日をみんなで決めているってのにさあ……。そういえば、各タスクフォースは僕らが向こうに行っているあいだ、しっかり行動できた？　向こうからも色々と指摘したけど全然改善されてないよ？」

僕は苛立った声で愚痴を言い続ける。

「あのさ、この際しっかり言うけど、幹部たち、やる気あんの？　みんなで決めた『役職者に必要な要素』を、誰も満たしきれていないってことを春からずっと言ってきたけど、誰か改善した人いる？　みっともなさすぎるし、当機構の役職者にふさわしくないよ」

役職者が、申し訳なさそうに「すみません……。ここからしっかり改善していきます……」といつもと同じセリフを繰り返す。

「これから1～2カ月間で団体内のルールを一度すべて見直そう。僕らはサークルではなく現地の人も参加していて、かなりの組織を巻き込んだプロジェクトを実施している国際的なNGOだ。そこを勘違いされては団体が回らない」

こうして団体における規律やルールが明文化されていった。理由が正当でないミーティングの欠席や無断欠席厳禁は当たり前、欠席する際は理由を全体に共有すること。また、出席する際は議事録と事前アジェンダを理解して、事前準備をしっかりすること。これらを基本原則として、所属タスクフォースにおけるタスク処理と定期的なホウレンソウ（報告・連絡・相談）を義務づけた。このようなスキームをしっかりと決め、団体規約に反映させていく。ルールを守れなかったり反対したりする人には、団体規約第20条の退会処分が適用される。

当然のように普通の学生にとっては厳しすぎるルールに、ついてこれない人が続出する。サークル活動やアルバイトが忙しく、必要とされているだけの力を当機構に注ぐことができない人、ほかにも関心領域があり両立に苦しむ人、将来に不安を感じて悩んでいる人、ソマリアへの熱意が薄れつつある人。実にさまざまなメンバーがいて、僕が求める人材像と現実の差があまりにも大きすぎた。

「組織とメンバー、どちらの論理が高次に立つかといったら、どう考えても200%組織さ。僕らは暇つぶしでも自分探しでもなく、人を助けるために行動しているんだ。この団体においてメンバーの都合が組織より先に出ることは絶対に許されない。僕らはそういう団体なんだよ」

すでに数名の退会者が出たあとのミーティングで、僕は断固として主張した。

「それでもし、メンバーが誰もいなくなってしまったらどうする?」

はっちが何か言いたげな表情で問いかける。

「もしそうなったとしたら、その程度の団体ってことだろうから解散するほかないね。存在価値のない団体が、独りよがりに適当なことをしていたら現地の人々に失礼極まりないよ。特にギャングのプロジェクトには、現地のＮＧＯや国際機関など、すでに多くの関係者を巻き込んでいる。入会時にいつも説明しているとおり、紛争地と関係を持つということはさまざまな責任を持つということにほかならなくて、みんなこの点を常々忘れがちだ」

創設当初から、この団体は国際協力に興味ある人が参加する〝サークル〟ではなく、どうにかして問題を解決したいという意志を持った人が参加する〝ＮＧＯ〟だ、ということに納得した人に加入してもらってきた。だからみんな頷くし反論はしない。ただ、みんながみんなこの「論理」についてくるかというと、そんなわけがない。これまでにすでに数名が脱退してきた。メンバーみんなで遊ぶなんてことは年に一度あればいいほうで、ほかの時間はすべて、活動や議論や調査に割いていた。

特に役職者に関しては、かなり多くの義務と高い能力が要求されており、それらを実現しなければ役職にふさわしくないと評価されるようにしていた。

そうして僕は初めて役職者を解任した。加えて、ソマリア側の体制にもメスを入れ、アクティブでないソマリア人メンバーには団体を抜けてもらえないか、現地側に提案した。本気で取り組める人だけで構成しないと、活動内容に支障が出てしまうと主張した。少なくないメンバーから異論が出たが、議論を詰めて納得してもらい、アクティブなメンバーが中心にくるように再構築した。

同年代に対しての厳しい指摘と、挑戦的な反論。それらを受ける側が嫌な気持ちになるのは当たり前だ。友人関係が壊れてしまうかもしれない可能性もあった。それでも、団体の体制をきちんとすることが最優先だと思った。

多くの人が去っていったが、歯を食いしばりながら残った人も多くいる。彼らが残った理由はただひとつ、いま自分にできる最大限のことを実行したいという強い意志だ。その先に何があるかはわからないけれど、自分の目の前にあるあまりにも深刻な問題を、色々なものを犠牲にしたとしても、どうにかしたい。この意志だけは共通している。だからこそ、メンバーたちは僕の立場や姿勢を理解してくれた。ひとつの思いが、ジレンマだらけの僕らをつないでいる。どこかぎこちなくて遠回りだけれど、僕らは再び同じ方向を向き、覚悟を持って前へと走りはじめた。

6 前進
僕らはソマリアギャングと夢を語る

KENYA Eastleigh School

ギャングと大学生――僕らが世界を変える

「ギャングを呼ぶ準備ができた！　今回は9人集めるつもりだ。ギャングたちを受け入れるという僕らの意志が伝われば、きっと彼らと対話できるはずだ」

２０１４年1月、現地代表ムナの弟、モハ２からメッセージが届いた。第３回現地渡航から戻ってきたあと、僕らは第2弾ムーブメント・ウィズ・ギャングスターズの準備を進めていた。現地のソマリア人メンバーには不法滞在者、現役ギャング、元ギャングと親しい人がいて、彼らがギャングを集めてきてくれる。

また、前回の渡航でおこなった、第1弾プロジェクトに参加したソマリア人の青年たちからも、ぜひ協力したいという申し出を貰っていた。さらに、僕が1年生のときにソマリア人医師たちの会合で出会った、タワカル・メディカル・クリニックのドクター・

アブディカーディルからも連絡があり、スカイプで話をした。

「私はもちろん、タワカルのメンバー一同、全面的に協力をしよう。君たちはソマリアの希望だ。私にはその希望を守る責任があるんだ」

電話越しでも感じることができるあの温かさ。温厚なドクターは、いまも変わらずイスリー地区を守っていた。

第2弾の詳細を詰めるべく、ソマリア人メンバーと議論を重ねていく。このころムナ姉様は在ケニアカタール大使館に就職し、会計のジャマはアルバイトの仕事を始め、二人とも団体へのコミットメントは高かったが忙しくなり、代わりにモハ2とリバンが中心となっていた。ちなみにリバンはタワカルのユースメンバーにも参画していて、童顔で最高に心優しい青年だ。

ある日、モハ2、リバン、ファラハンなど現地側の中心メンバーとスカイプでミーティングをおこなっていた。

「そういえばギャングの現状をよく理解できていないんだけど、教えてくれる？」

モハ2とファラハンが一斉に喋りだす。

「みんなが知っているように、イスリーで最も強いのが〈SK〉と〈スーパーパワー〉と

ムナの弟、モハメド。愛称は「モハ2」。
ソマリア人メンバーの2代目代表。きめ細やかさと確かなリーダーシップを持っており、メンバーから絶大な信頼を得ている。

いう2大グループで、その下には〈マスター〉、〈9番ストリート〉っていうグループがある。SKとスーパーパワーの抗争は非常に激しく、ナイフや山刀《パンガ》を主な武器として相手を殺すんだ」

「ギャングのルールは〝やられたらいますぐやりかえす〟。ひどいときは道路に死体が転がっているし、まったく関係ない人々も巻き込まれる羽目になる」

日本側は唖然として言葉も出ない。かまわず彼らは説明を続ける。

「そんなとき、大きな事件が起きた。スーパーパワーのリーダー格の2人が、身内によって殺されたんだ！　特にそのうちのひとりはめちゃくちゃ強いリーダーだったこともあって、スーパーパワーの勢いが大きく弱まってしまった。そしてこのチャンスを警察は見逃さなかった！」

「ようやく警察が登場するのか！」

「警察もギャンググループのようなものさ。彼らはギャンググループと殺し合いをしていたけど、制圧しきれなかったんだ。だからこそ、勢力バランスが崩れている最近になって、警察はかなり乱暴なやり方で巻き返しを図っている。ギャングのみならず、ソマリア人というだけで逮捕するといった具合にね。いまがチャンスだ。同じユースであるギャングたちを奪還しよう」

ソマリア人メンバー２代目副代表のリバン。タワカル・メディカル・クリニックのユースメンバーでもある。ソマリア側と日本側をつなぐパイプ役として大活躍。

チャンスと聞いた僕は興奮していた。

「本当に君たちを誇りに思うよ。その通りだ、僕らのギャングを取り戻そう。彼らがいるべき場所はソマリアの武装勢力でもギャンググループでもなく、ユースとして輝ける場所だ！」

第4回現地渡航活動にはシグナルに加えて、後輩3名が参加することになった。そのうちのひとりは早稲田大学1年生の高橋みづき。彼女は僕と同じ少人数の授業を受講しており、そこで団体に興味を持って参加した。コンゴ民主共和国やルワンダの紛争にも興味を持っているうえに、常に明るい性格で加入時から団体内で積極的に動いてきたメンバーのひとりだ。一応多数決でミッキーというあだ名がつけられたが、ミッキーマウスというキャラでもないと思ったので、僕を含めて数名はそのまま高橋と呼んでいる。

現地渡航活動のまえは、渡航者だけに負担が集中しないように、常に全体で議論をしてタスクを共有するようにしている。また、現地では英語しか使えないため、実際に英語を使ったプレゼンテーションのリハーサルを数回おこない、実践しながら準備を固めていった。

そしてムーブメント・ウィズ・ギャングスターズ第2弾がはじまった。9人のギャングたちは遅刻こそしたけれど（みんな寝ていたらしく、モハ２が全員を起こしにいった）、席にきちんと座ってこちらの話を聞こうとしている。どうやらソマリア人メンバーたちが、事前に頑張って説明してくれていたようだ。

プロジェクトの実施にあたって、ギャングたちの武装チェックはおこなわないことにした。武器が見つかったところで僕らにどうする力もない、ということも理由のひとつだが、「信頼を得る」という大きな目的があった。ギャングが対象でなくても、国連や援助機関は武装チェックを当たり前におこなっている。だが、いつも警察に証拠もなしに犯罪者扱いされるギャングたちは、武装チェックをする相手をとても警戒する。ギャングがもし暴れたら、という不安はあったが、プロジェクトには彼らを知っているソマリア人メンバーや現地の組織も参加している。ソマリア人は、日本人と同じように、〝面子〟やコミュニティのつながりを重んじる人たちだ。知人がいるプロジェクトで犯罪行為を起こしたら、村八分になる可能性だってあるのだ。そんな馬鹿な真似はしないだろう、という計算もあった。

イスラム教のお祈りの儀式をしたあと、僕らはこんな宣言をした。

「僕らを信じてここに来てくれてありがとう！　君たちを警察に突き出したり、いきなり存在を否定したりすることも、絶対にしない。君たちは僕らと同じユースだと思うんだ。

世界から見捨てられているユースを〝真のユース〟と呼びたい。僕らは君たち〝真のユース〟と対話し、力を貸してもらいたいと思っている。これからよろしく！」

参加したギャングの年齢は17歳から24歳までで、僕らとまさしく同年代だった。全員が3つの班に分かれ、議論を進めた。僕らはギャングが治安上の問題であることをいきなり言うのではなく、まずは彼らの意見を聞いてから本題に入るようにした。

「イスリー地区における最大の問題は何だろう？」

と問いかけると、

「劣悪な治安だ」

とギャングたちは即答する。

「じゃあ、何が劣悪な治安の原因なの？」

「警察だ！　悪名高い警察たちが俺たちをいきなり逮捕して、法外な保釈金を要求してくるんだ！　こっちが何もしていなくても、逮捕したり銃で撃ってきたりするんだ！」

「なるほど、たしかに警察の行動はかなり問題になっているよね。ギャングの存在についてはどう思う？　君たちはほかのギャンググループと抗争をしていて、いつも身の危険を感じているよね」

「その通り。ギャングも原因だ」

「僕らが言いたいのは、そのギャングってのはまぎれもなく君たち自身ということ。言葉は悪いかもしれないけれど、君たちの存在が治安悪化を招いている大きな原因のひとつだ」

「……」

ギャングたちは決まりの悪い顔をして少し沈黙する。

「けれど俺たちも好きでギャングになったわけじゃない！」

「教育も職もなかった！　生きていくためには金がいる！」

「俺たちを悪だというならば、警察と社会のほうがはるかに悪だ」

ギャングたちから不満と反発があがる。僕らはこの声を待っていたのだ。

「じゃあ、それらを変えていこうよ！　不満を言ってるだけで何かが変わったことなんてきっとないはずだよ。君たちはユースで、未来を変える力があるんだ。僕らが、世界を変えていくんでしょ？」

「……！」

ギャングたちの目の色と態度が少し変わる。なぜギャングになってしまったのか、またなぜギャングをやめることができないのか、それらの原因について議論を深めていく。

英語を喋れないギャングのために、通訳をかって出るギャングも出てきた。

「俺は警察による脅迫に加えて職がないんだ。だから薬物へ依存してしまう。その連鎖のなかでギャングになった。ならざるを得なかった」

「親はソマリアで死んだ。なんとかナイロビまでたどり着けたけど、教育も福祉も何もなかった。どうにもならなかったんだ」

「金がすべてだが、アイデンティティの拠り所も大切じゃないか。どこかに所属することで帰属意識が生まれて安心できる。俺たちを信じるやつは、この社会に誰ひとりとしていない」

これらの意見をふまえて、どうやって問題を、そして自分自身を変えていくか。僕らは数時間ずっと座りっぱなしで議論していった。休憩はたった30分とっただけ。ギャングたちは、俺の話を聞いてくれと言わんばかりに、みんな必死に発言をする。

「政府や社会が変わらない限り、ギャング問題は一生解消することはない!!」

23歳のギャング、リーダー格のモハメドが叫んだ。

「だけど政府や社会は変わらない。だからどうにもならないんだ」

ほかのギャングたちもそう続ける。

日本側も負けじと提案をしていく。

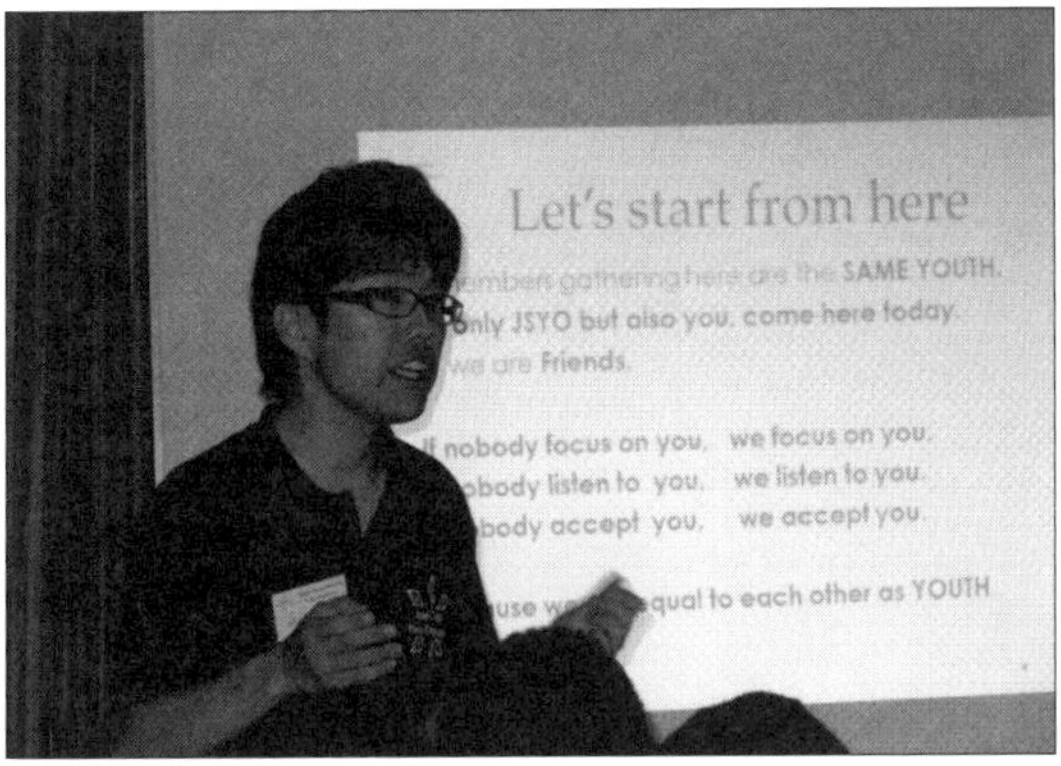

プロジェクト開始時にプレゼンをするシグナル。
「君たちは僕らと同じユースだと思うんだ」と呼びかけた。

ギャングたちは「俺の声を聞いてくれ」と言わんばかりに、自分たちが置かれている状況を口々に訴え、解決策を話し合った。
中央左に参加している日本人メンバーが高橋。

「政府や社会が変わるには途方もない時間がかかるし、本当に変わるかどうかもわからない。世の中っていつもそうなんだと思う。だから、ユースである僕らが変えていく必要があるんだ。ここには君たちを社会の邪魔者として見なす人は誰もいない。いまのままの君たちを受け入れているし、受け入れたいと心から思ってる」

すると、ギャングにも変化が見えはじめた。

「偏見を捨てて俺たちを受け入れてほしい、話を聞いてほしい。これが社会に望む最も重要なことのひとつだ」

一度逮捕されてソマリアに強制送還された経験を持ち、現在は妻子もいて生活していくのが本当に苦しいという20歳のラスタがそう発言をすると、ほかのギャングたちもそれに賛同した。

このようにして、僕らは毎日、長時間にわたって語り合った。

プログラムの最終日に修了式を開催し、彼らの勇気とこの数日間の努力を称え、これからともに社会を変えていこうと約束をした。修了式では、修了証と少しの金銭に加え、コミュニティの有力者によるスピーチや、JICAや大使館からのビデオメッセージなどがギャングたちに贈られた。一人ひとりの名前を呼ばれ、大きな拍手とともに綺麗な修了証

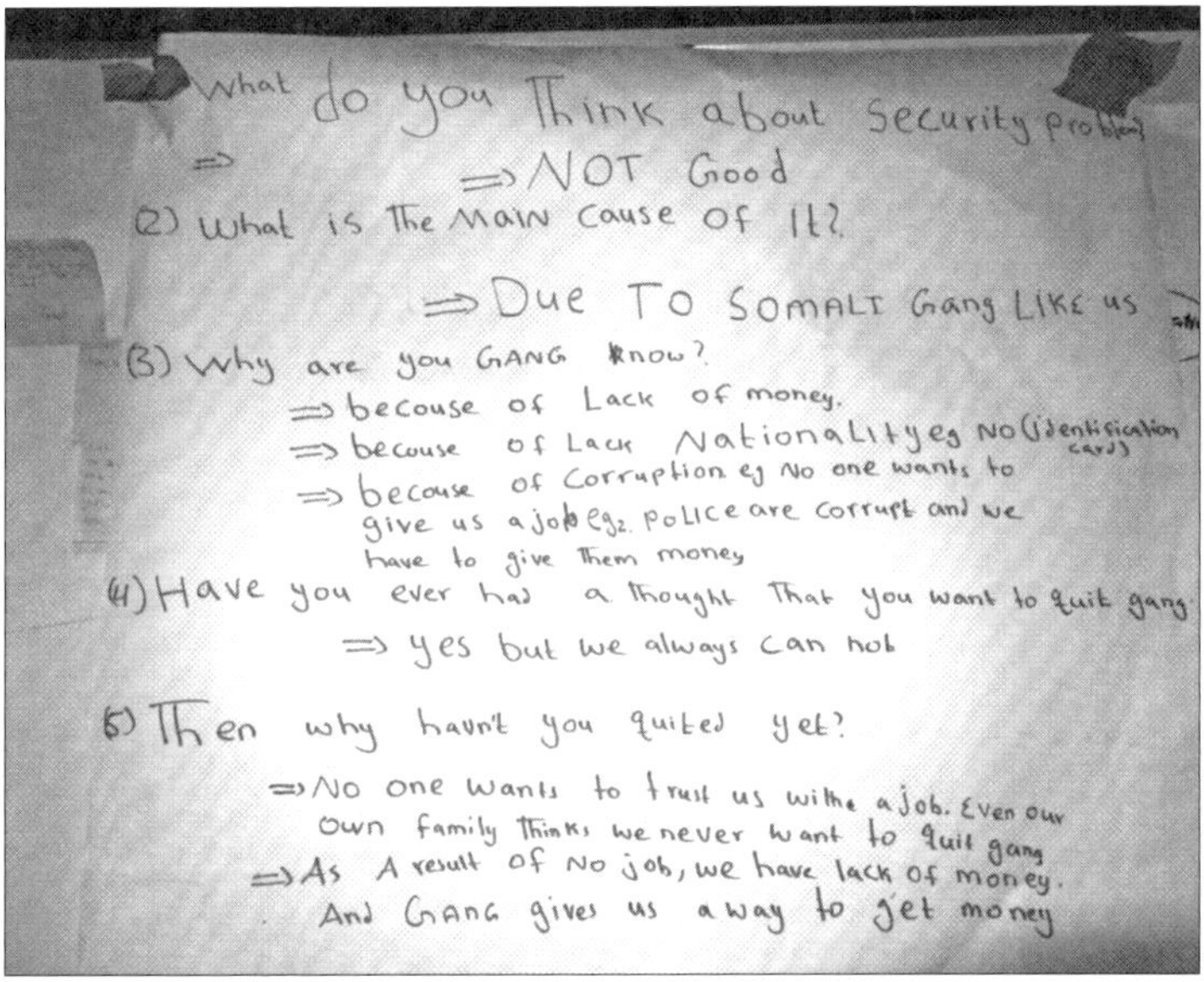

ギャングたちが語った問題を整理した模造紙。
治安が悪い原因として「俺たちのようなギャングがいるから」
と書かれている。

を受け取ったギャングたちは「写真を撮ってくれ！」と子どものようにはしゃいでいた。

「すぐに問題を解決するようなことができなくて、ごめんね」

修了式のあと、シグナルが当時18歳のシレンに申し訳なさそうに声をかけた。

シレンは心なしか晴れやかな表情で、こう返してくれたそうだ。

「シグナル、そんなことを言う必要はないよ。君らは僕の心を変えることができた。これから自分にできることを見つけ出して、ベストを尽くしてみたい。そう思うんだ」

戻ってきたギャングたちが仲間になる

ギャングの積極的社会復帰は、たかだか1週間のプログラムで達成できるわけがない。このことは元々想定していたからこそ、ムーブメント・ウィズ・ギャングスターズは中長期のプロジェクトとして企画された。ただ、まだまだ細かいところは具体的になっていなかったので、帰国後、僕らは何回も議論した。

「日本人がいないあいだは、タワカルやソマリア人メンバーたちにカウンセリングとモニタリングをお願いするとして、ほかの問題はどうしようか」

「やはり仕事の斡旋は難しいんでしょうか？」

副代表の高橋が質問をしてくる。きちんとした仕事を得ることは、ギャングたちの切実な望みでもあった。

「うーん……果たして学生にできることなのかなあ」

「そもそも紹介できる職なんてあるんかなあ？　だって普通の人ですら職にありつけないわけやんな？」

「じゃあ職を創っちゃう？　つまりビジネススキームを構築するわけさ」

「それこそ、うちらには難しいんじゃないですかね。ギャングが何か問題を起こしたら、どう責任をとればいいんですか？」

2年生になったしおりんは以前は控えめだったものの、いまやすっかり中心人物として僕に鋭いツッコミを入れてくるようになった。

「ギャングを地域のパトロール隊にするという案も出たけど、警察がギャングを駆逐することしか考えていない状態では非常に厳しいね。そもそも準民兵組織誕生の可能性だってある」

真剣な議論が続いていく。

「社会復帰」と一口に言うのは簡単だが、現実は複雑だ。そもそもギャングたちが望むのは、弁護士やパイロットのような高度な専門性が要求される職業で、教育を受けていない彼らがそんな仕事に就くのは難しい。ありきたりで給料が安い仕事より、ギャングのほうがカッコいいしお金も稼げる。色々な可能性を考えつつ議論を深めていき、ひとつの案を思いついた。

「じゃあ、僕らの団体がその機会を提供するというのはどうだろう。つまり、ムーブメント・ウィズ・ギャングスターズの運営をギャングに手伝ってもらい、その見返りとして報酬も出す。これはソマリア人メンバーへの報酬の問題とはちがう。あくまで行動を起こしてくれたギャングに支援するものだ。その過程でギャングたちが社会を変えることをカッコいいと思って、こちら側にアイデンティティを感じだしたら、それは素晴らしいことさ。つまり、お金というインセンティブを逆手にとるんだ」

「ギャングをやめさせることは念頭におかないんですよね?」

第4回現地渡航活動後に、日本側代表に就任したシグナルが確認をする。

「うん。最終的にやめてくれたら最高だけど、いきなりギャングをやめさせるなんてかなり過激で一方的だし、いろいろな事情を考慮すると、ギャングでいることが絶対的な悪とはいえないはず。社会変革をする側に立って、人を殺したり犯罪行為に走ったりしないギャングにしていくことが最終的なゴールになるね。その結果ギャングをやめることになれば、パーフェクトさ」

みんなが頷いているので僕は続ける。

「僕らのキャパシティの問題もあるから、毎回10人ほど新規ギャングを受け入れ、前回参加したギャングたちを〝リターニングギャング〟という名目で、僕らがスタッフとして雇おう。そして3回目に参加してくれたギャングは……」

「ギャングは……？」

「ボランティアギャングだ！　僕らもソマリア人メンバーも基本的に無給なんだから、このポジションになってもらおう。そのときはもう、日本ソマリア青年機構のメンバーさ。1回に半年かかるわけだから、3回分の1年半を通して、ギャングの社会復帰の足掛かりをつくろう！　このサイクルを繰り返していくんだ」

「まずは前回参加したギャングが次回に来るかどうかですね……」

「こっちには元ギャングのソーシャルワーカーだっているんだ。やろうと思えばきっとできるはず！」

日本側がプロジェクトの仕組みを整えているなか、ソマリア人メンバーたちはプロジェクトを補完するような取り組みを自発的に考案した。「Kenya, I'm Not A Terrorist（ケニアのみなさん、私はテロリストではありません）」と名づけられたキャンペーンで、ソマリア人全員をテロリストと見なすような社会的な暴力に対して、ＳＮＳという非暴力的なツールを利用し、当事者たちの声を発信するという取り組みだった。ムーブメント・ウィズ・ギャングスターズの活動で生まれた、「ギャングだけではなく社会に対しても働きかけるべきだ」というメンバーの思いが込められていた。キャンペーンは大きな反響を呼び、イギリスのBBCやカタールのアルジャジーラといった国際メディアに、ムーブメント・ウィズ・ギャングスターズの活動とあわせて取り上げられた。

こうしてプロジェクトの質をさまざまな側面から高めていった。まさに光陰矢の如し、あっという間に9月になり、第5回現地渡航活動と第3弾ムーブメント・ウィズ・ギャングスターズが近づいてきた。現地側との調整を進めながら、今回の受け入れギャングの応募状況や、リターニングギャングの参加有無の確認など、ひとつひとつ詰めていく。毎回恒例のことだが、プロジェクト前は気が狂うほどに忙しくなる。その状況のままプロジェクトに突入するのだ。

そして迎えたプロジェクト初日、14名のギャングが会場に来た。今回の平均年齢は23・5歳。そのなかには、前回参加したギャングたちの姿もあった。

「前回のプログラムのあと、ハッサンは生き方を変えた。職を獲得し、ギャングをやめたよ。だからあいつはここには来ていない。なぜならあいつはいま仕事で忙しいからな！」

リターニングギャングとして来場したオスカが、誇らしげにそう教えてくれた。

リターニングギャングはスタッフとしてプロジェクトを動かす側なので、彼らには会場準備や議論のファシリテーションなどの役割が与えられた。

「このプロジェクトには、ギャングである君たちにしかできないことがある」

現地側の新代表となったモハ2が開会の辞を述べ、プロジェクトはスタートした。

ともに社会を変える、ともに行動していく

今回のプログラムでは前回と同じように、イスリー地区の治安を切り口に、ギャングたち自身が最も重大な問題になっていることを自覚するように仕向け、そこから解決策を考えていく。

実は、リターニングギャングとボランティアギャング以外に、今回加えたアイデアがもうひとつあった。

「さあ、どうすればこれらの問題を解決できるだろうか？　まずは問題の内容を分析して整理をおこない、そこからどの問題にどのようにアプローチするか、しかもいま僕らができることは何か考えていこう！」

つまり、具体的なアクションを起こそうというわけだ。これは問題自体の解決を目指すというよりは、ギャング自身が問題を分析し、解決策を考え、実際にアクションを起こすという一連のプロセスを設計することを目指した。ギャングである彼らが起こしたアクションに対して、社会側から称賛を与えるというのが最大の狙いだ。

無事アクションが実行されたら、修了式に識者を招いてその場にいる全員が大いに称える。これによってギャングたちが、自分たちで社会を変える意義と実感をつかめるだろう。このサイクルを1年半かけて、色んな立場から何度も繰り返す。ギャングのインセンティブとアイデンティティを少しずつ変えていく。このサイクルの果てに積極的社会復帰があるのではないか、僕らはそう考えた。

今回のファシリテーターは、常にサングラスをかけているヤクザな風体のジャマルと、日本留学プログラムSAPの最終候補者となった、仕草がとにかくかわいいルキアの2人が務めた。その2人を軸に、日本人メンバーやリターニングギャングでサポートしながら議論を進めていく。ギャングたちは、さまざまな問題の特に重要な根本原因として、「初等教育を受けられない」「社会からの偏見」「関心の欠如」「職に就けない」の4つを挙げた。そしてひとつひとつの問題に対して、実現可能な解決策を模索した。

「社会からの偏見や関心の低さは、俺たちにはどうしようもできない。ソマリア人というだけでテロリスト扱いだ」

「その通りだな。社会をどうにかするなんてのはできるわけがない。政府も見てみぬフリだし、国際社会は常にビジネスのことしか考えていない！」

マッチョなギャングたちからそんな批判がこぼれる。

「たしかに難しいけど、デモやSNSを使った運動で社会や政府を変えることもできる時代だよ！　最近のアラブ諸国を見てもそうだし、僕らが春に実施した『Kenya, I'm Not A Terrorist』というSNSでの抗議行動はイギリスのBBCやカタールのアルジャジーラに取材されたんだ！　こんなやり方だってあるんじゃない？」

僕らは色んな角度から提案してみる。

「それは運が良かっただけだ！　忘れるな、俺たちはここでは圧倒的にマイノリティなんだぞ」

「俺たちがそれをやったら、次の日には全員逮捕されることになる！」

ギャングたちは真剣な顔つきで反論する。感情が高ぶって大声で自分の不満だけを喚き散らしてしまうギャングが出てくると、すぐさまファラハンが「リスペクト!!」と叫び、雰囲気を引き締め直す。その声を受けてギャングたちも冷静さを取り戻していく。僕たちはプロジェクトを始めるときに、「相手へのリスペクト（敬意）を持って話し合おう」と参加者と合意しており、ファラハンの掛け声はギャングたちにそのことを思い出させてくれるのだ。

「俺は小学校すら通えなかった。だからギャングになった。ケニアＩＤや金がなかった。政府は俺らのようなソマリア人を、無視するだけでなく弾圧をしてきた」

なにやら派手な時計を腕につけた、寡黙で不気味な雰囲気をもつ21歳のリドワンがそう語る。

「俺も……そう思う」

同じく21歳で小学校を途中でドロップアウトしたファイサルは、どうも話すのが苦手そうだが、気に入った意見には同意を示す。

「かなり難しいと思うけど、この教育関係についてできることを何か思いつく人はいる？」

「俺は小学校を途中でやめたからギャングになったんだ。何があってもドロップアウトしないように伝えることができたら……いいと思う」

ファイサルがぼそりと呟く。

「小学生たちに何かを伝えるのは有意義だな。社会や学校、そして家族や友だちに対して責任感を持つことは何よりも大切だと思う。重要なのは授業を受けることではなくて、小学校の友だちとのコミュニティなんだ」

リドワンも彼の意見に賛成し、ほかのギャングたちも賛成をしていった。もちろん運営側の僕らは反対するわけがない。

僕らは早速そのアイデアを実行に移した。第1回渡航時から仲良くしているイスリー小学校の校長先生に連絡をして、ギャングたちの思いとその意義を伝えた。

「素晴らしいとしか言いようがないよ。ギャングにしかできないことを、自分たちから進んでやろうとしている。信じられない、もちろん協力するよ」

校長先生は快諾して、小学生の前でギャングたちが話す機会を設けてくれた。当日、どこか緊張しているように見える13人のギャングたちと一緒に、イスリー小学校に向かう。イスリー小学校の卒業生である、団体の現地メンバーのジャマルはやけに楽しそうだ。小学校で最も大きい教室には、溢れるほどの小学生たちがすでに僕らを待っていてくれた。先生とソマリア人メンバーたちによる説明のあと、ギャングたちが演台に上がった。

「俺はアブシル。俺は、俺たちは……ギャングだ」

23歳のアブシルがそう切り出し、自分がなぜギャングになってしまったかを大勢の小学生に話しはじめた。いつもは元気いっぱいで走りまわり、僕らの姿を見ると飛びついてくる小学生たちは、じっとギャングたちの話に聞き入っている。

「俺は小学校にすら通うことはできなかった。君たちは通えている。絶対にやめるんじゃないぞ。ドラッグなんかも絶対に吸うな。友だちを大切にしてしっかりと勉強をしろ」

「ギャンググループは孤立している子どもを狙ってドラッグや金で誘惑して仲間にするんだ。俺たちのようになってしまってはだめだ。しっかりと卒業して、中学校に進め」

ほかのギャングたちも不慣れなスピーチに苦戦しながらも、必死に訴えかける。

「孤独に耐えられなくなって自棄になってしまったら、どこまでも行ってしまう。ギャングや武装勢力にだって参加してしまうだろう。自爆テロに走る民兵の気持ちが俺にはよくわかる。友だちを大切にしろ。そしてしっかりと勉強をするんだ」

「イスリー地区のコミュニティも、みんなで一致団結してお互いに助け合うべきだ。俺たちはみんな同じソマリア人だ。ほかの人と協力し合え。ひとりになるな」

最後に、参加者のなかで最も聡明なグリードが穏やかな表情で締めくくった。

「俺はきっと、当分ギャングのままだけれど、君たちにはギャングになることはオススメしないよ。ほかの道を歩め。夢を持って、それに向けて日々努力するんだ。道を外れるな、必死に生きろ」

ギャングがギャングを批判し、ギャングにならないように子どもたちに思いを伝えていく。日本人である僕らが、子どもたちにギャングになるなと言うより、何百倍も説得力が

イスリー小学校でスピーチをおこなうギャング。
「ギャングになるな、勉強を続けるんだ」と
ギャング自身が訴える。

あるだろう。何よりも、ギャングたちの勇気ある気高い行動を心から誇りに思った。

ギャングたちのスピーチがすべて終わると、大きな拍手が沸き上がった。

「非常に素晴らしかった！　パーフェクトだ！」

ソマリア人メンバーのファラハンが称え、僕らは力強くガッツポーズをした。

修了式では彼らに惜しみない賛辞と修了証が手渡され、ギャングもスタッフも全員を集めた記念写真は笑顔で溢れていた。

ギャングたちの夢

帰国後、僕はプログラムで集めたギャングたちの声と向き合っていた。

「俺はビジネスマンになりたい」

「夢は医者になることさ。医者は素晴らしい」

「俺は軍人」

「サッカー選手もいいね」

「裕福で安全な暮らしをしてみたいよ」

「イスラム教の指導者が夢だよ」

「いまのところパイロットかな」

「日本ソマリア青年機構のメンバーになりたい」

「しがらみを断ち切り、新たな場所でもう一度勉強をしたい」

「人生をもう一度、スタートさせたいんだ」


ギャングたちが僕らに語った夢は、ギャングスターでも武装勢力のリーダーでもない。彼らにはそれぞれの夢がある。そうなったらいいなと思いを馳せることもあるだろう。けれど、夢と現実の途方もない距離を前にして、ひとり孤独に下を向くこともあるんだろう。どうしようもない現実の壁は、一瞬で乗り越えられるものでもない。


アンケートには、彼らからの感想がびっしりと書かれていた。

「俺はここで受け入れられた。誰も俺を取り調べなかった。誰も俺にレッテルを貼らなかった」

「すごい奴らと出会うことができた。新しい友だちと出会うことができたんだ」

「希望を捨てる必要はないと学んだ」

「俺たちを気にかける人々がいたことにとても驚いた。そして幸せだった」

「もっと努力して、俺も社会を変えるリーダーになりたいと思う」

「おまえたちがいなくなるのが寂しい。おまえたちはもう俺の一部だ」

ギャングたちと話せば話すほど、同じ時間を共有すればするほど、彼らが僕らと何も変わらない存在だと気づく。なんせ年齢も同じなのだ。僕が5歳年をとれば彼らも同じく5歳年をとる。僕らは同じこの瞬間を生きている。

僕は少し先の未来のためにやるべきことをしているけれど、彼らはどうだろうか。それすらできないほどに孤立し、どうしようもない状態にいるかもしれない。夢の実現への道は本当に大変なものになるだろうし、誰しも自分の人生を自分で戦うわけだから、すべてをサポートすることはできない。だけども、最初の一歩を踏み出すところを僕が手伝うことはできないだろうか。

コタツに入りながら、あてもなく考える。彼らがケニア社会でまっとうな職を得るためには、英語やコンピュータースキルといった最低限の能力が必要となるだろう。実は、プロジェクト開始直後から、ギャングたちにスキルトレーニングをするべきだ、とソマリア人メンバーが事あるごとに主張していた。ここにきて、スキルトレーニングの導入を真剣に考えるフェーズにきていた。

さっそくソマリア人メンバーと議論することにした。

「現地の大学にギャングたちを入れるんだ。そこでスキルを積んで自信をつけていくだろう。そうすれば彼らの夢の実現に大きな貢献ができるだろう」

モハ2は堂々と自分の意見を述べた。第1回渡航時、あんなにあどけなかった彼は、親しみやすさはそのままに、いまや非常に優秀なリーダーとなった。

「でも大学のコースに入れるってことはお金がすごくかかるんじゃない？　それって何かアテあるの……？」

「ヘイ、そこはガッツさ」

どこかで聞いたような言葉を言われるも、予算的に難しいものは難しい。

「教育機関に数年⁉　そんなの無理に決まってんじゃないですか‼」

団体の資金を鬼のような目つきで管理している会計係が必死に主張する。

「そしたらうちらが教えるか！」

「いや無理ですよ普通に（笑）」

第4回現地渡航後に日本側代表に就任したシグナルは堅実さと安定感がウリだ。

「じゃあほかのNGOに委託するのはどう？　スキルトレーニングを専門としているしっかりしたNGOはいくつかあるし、そこなら費用もはるかに安いよ」

モハ2が待っていたように提案してきた。

「それを先に言ってくれよモハ2。素晴らしい。さっそく情報を集めよう！」

モハ2が先方と話を進めてくれることになり、スキルトレーニングの実現へ動き出した。

僕はもうひとつのアイデアを閃いた。

「NGOにスキルトレーニングを提案するのを、ギャングにやらせてみない？　ギャングが自分と仲間のためにNGOに提案して交渉をする。これは最高のアクションになるはずだ」

この案に全員が賛成してくれた。その後、僕らはいつものようにプロジェクトの調整と準備に追われつつ、現地の教育機関やNGOと何度も打ち合わせをおこない、スキルトレーニングの調整を続けた。いきなりギャングがお願いをしにいっても、実現可能性はゼロ以下だ。まずはギャングがお願いできる場を、こちらが事前に用意しておくことが必要だった。

そして2015年3月、第4弾のムーブメント・ウィズ・ギャングスターズを迎えた。そこには、前回の第3弾に参加したリターニングギャングと、3回目の参加となる無償のボランティアギャングが何人か参加してくれた。総勢19名のギャング、平均年齢は20・6

歳で、2名を除いて出席率はほぼ100%だった。

プログラムの終盤、どんなアクションを起こすべきか考えるときには、こちらの計画通りの展開に持ち込むことができた。

「ギャングをやめることができないのは、スキルがないせいでもある。社会が必要とする能力が俺たちにはないんだ」

すべてのギャングがそのような意見にまとまりかけたとき、満を持して僕らのほうから提案する。

「そしたらさ、スキルを獲得するために教育組織にお願いしにいこうよ。自分のためにもなるし、何よりも仲間のために行動することになる。僕らがお願いするよりもずっとパワーがあるはずだ！」

僕らが用意したスキルトレーニング組織は4つ。ギャングたちは4つの班に分かれて、それぞれの事務所にプレゼンをしにいくことになった。自分たちのバックグラウンドや現状などを説明し、スキルトレーニングの講座を開いてほしいと訴えた。

その結果、4つの組織すべてがギャングの要望を受け入れ、半年間のスキルトレーニング講座が開設されることになった。

「必死にやれば伝わるものさ。誰ひとりとして君らを拒絶したり排除したりしようとしなかっただろ?」

ギャングたちは、まわりのサポートを得ながら、自分たちで夢への入り口を切り開いたのだ。

7 未来へ
夢に向かって、一歩ずつ進み続ける

Movement with Gangsters

スキルトレーニング講座に通うギャングたち

２０１５年3月、僕と同期のメンバーたちは大学を卒業し、それぞれの進路に進んだ。僕はモガディシュでＡＭＩＳＯＭのメネさんに言われたように、イギリスの大学院で修士号を取ることを以前より決めており、その準備に本腰を入れることにした。

そして、日本側の代表はシグナルからしおりんに引き継がれていった。僕は両国とプロジェクトを取りまとめる全体代表として、引き続き関わっている。スキルトレーニング講座をいくつか開設したのはいいものの、その手続きや書類作成、費用の交渉などで、日本側は非常に大変な状態になっていた。

「先方との契約書、誓約書など諸々完成しました！　確認お願いします！」

やることが終わるまで寝ないし休まないという、ボクサー顔負けにストイックなしおりんが書類を共有する。

「ギャングたちに渡す講座表や役割表などなど、こちらも完成です～！」

会計ユニットも疲れた顔で次々と書類をつくり上げる。僕がそれらをチェックし、もう一度総務ユニットを中心にチェックして修正していく。

「ギャングたち、ちゃんと講座に通うといいですね」

「これ、基本週3日授業ありますよ……。毎週土日の講座もあるし……」

「日本人の学生ですら、授業に行くのをめんどうくさがるもんね。あのギャングたちは行けるのかなあ」

「え、ギャングたちが来なかったらどうするんですか？」

「彼ら自身が学びたいと望んだスキルの講座を開いたんだ。きっと来る。もし来なかったらその原因を分析してまた打ち出せばいいだけさ」

後輩たちの不安を拭うように、僕は自信ありげにこう答えた。

「そして万が一のための、欠席率や実施回数に応じた返金契約書もありますしね！」

しおりんの親友でもあり、いまや団体の中心メンバーとなった高橋が、そうフォローしてくれた。とりあえず僕らは、現地からの進捗報告を待つことになった。

２０１５年５月１日、ソマリア人メンバー副代表のリバンから、活動の報告と15枚の写真が送られてきた。

「ついにスキルトレーニング講座がスタートしたよ！　起業やビジネス、リーダーシップにマネジメント。ギャングたちもしっかり来ている！　これから約半年間、委託ＮＧＯからのフィードバック集めなどもしていくよ」

この知らせを受けて日本人たちは大喜び。無償でここまで行動してくれるリバンやモハ２に、改めて感謝の意を伝えた。リバンが共有してくれた写真には、ギャングたちが授業を熱心に聞いている姿や板書をノートに書き写している姿があった。

スキルトレーニング講座が始まってから、ギャングたちからの連絡もいくつか届いた。

「人生をやり直しはじめたよ。先週から勉強を続けているんだ」

と喜びを語る17歳のモハモハスレイマン。

「俺はこの講座で学び続けたいよ。土曜も日曜もさ」

小学校をやめざるをえなかった21歳のファイサルは、勉強への大きな意欲を見せた。

そして同じく21歳のハシは、感謝の気持ちを伝えてくれた。

「暴力とドラッグから逃れられない生活で未来なんてなかったが、お前たちがチャンスをくれたんだ。俺は変わることができるということを見せてくれた。ありがとう」

一歩踏み出した彼らの姿は、自信に満ち溢れていた。とても険しくなかなか先の見えない道だけど、とにかく彼らは歩き出したのだ。

もちろんすべてがうまくいっているわけではない。いつだって想定外の事態が起き、僕らは常に走り回っているし、ときには怒ったり失望したりもする。連絡がとれなくなったり、講座がいつ何回開かれているのかわからなくなったり、突如ギャングが来なくなったり、契約のことで受け入れ側のNGOと揉めたり。

こんな問題ならまだいいほうで、プログラム中に日本人の貴重品がギャングによって盗まれたり、ギャング同士の激しい殴り合いが起きたり、ドラッグをやって異様なテンションで現れたりすることもある。

それでも、これらの問題をギャングたち自身が解決しようと努力してきた。持ち物が盗まれたときは、ギャングたちが「日本人メンバーの物を盗るなんてありえない！ 許せない！ 盗ったやつは前へ出ろ！」と怒り、自発的に話し合いの場をつくった。僕らからも、警察に突き出すことはしないと言うと、犯人が名乗り出てくれた。ドラッグで自分を見失ってしまっていたらしい。盗みは起こってしまったけれど、結果的にギャングたち自身の「変わりたい」という強い思いを確認できて僕は嬉しかった。

それでもみんな、ひとつひとつ問題を解決して、必死に前へ進んでいく。

2015年8月〜9月に実施された第5弾ムーブメント・ウィズ・ギャングスターズでは、リターニングギャングとボランティアギャングを合わせて、実に28名ものギャングが集まった。

このときの社会貢献活動では、ドキュメンタリー動画を作成しようというアイデアが出た。いつもは顔を映されることをとにかく嫌うギャングたちが、世界の人々に向かって、ギャングの背景や現状を知ってもらいたいという願いを語った。プロジェクト期間の時間では充分に撮影できなかったので、以後の渡航で何回かに分けて撮影していくことになった。

この回で特に印象的だったのは、ボランティアギャングとして手伝ってくれた2人のギャングの言葉だ。新規ギャングたちの先輩としてプログラムを支えてくれた、モハモハスレイマンとファイサルが、プログラム終了後にこう語ってくれた。

「次回のプログラムまでには、良きロールモデルになってみせる。ドラッグ中毒のやつには薬をやめるよう働きかけたいし、ほかのギャングにもこのプログラムを紹介して、社会復帰の道筋をつけてやりたい。だから、俺に期待してほしい」

「自分の状況の変化が、具体的に見えてくるようになってきたよ。そして考え方も変わった。

前はドラッグを毎日やっていたけど、君たちと出会ってから徐々に回数を減らしてきて、いまではほとんどやっていない。本当に自分の状況を変えたいと思うようになったんだ」

スキルトレーニングについても進展があった。モハ2とファラハンがいくつかコミュニティカレッジを調べ、低価格のスキルトレーニングコースを見つけてくれたのだ。

「今回の交渉は僕とファラハンがやるよ。ギャングたちが勉強で忙しくなれば、色々なものがさらに変わるはずなんだ。ギャング向けのコースをなんとか開校させたいね。そのための費用は、頑張って捻出してくれよな」

僕らはギャングたちの積極的社会復帰の支援を広げるために、スキルトレーニング講座の拡充と定期カウンセリングに励んだ。彼らのたしかな変化は全メンバーにたくさんの刺激と、新たな勇気をもたらしてくれる。僕らはギャングに寄り添って応援しながら、彼らの姿に応援されている。

ギャングをやめて飛び立っていった人たち

プログラム参加者のなかには、ギャングをやめて、新たな世界で頑張ろうとしている大いなる勇者たちがいる。ここでは彼らのストーリーを紹介したい。

シレン――ソマリアの実家に戻り母親と暮らす

「ソマリアのモガディシュで生まれ、10歳のころに父親の出稼ぎについてきてイスリーに移住したよ。初めは小学校に通っていたけど、父親が病気で死んでしまって、学校に行けなくなったんだ。母親がいるモガディシュに戻りたくても、ソマリアの治安はすごく悪くて無理だった。でも、ケニアには僕のような子どもを受け入れてくれる場所もなかった。お金と居場所を求めて路頭に迷っていたとき、ギャンググループに誘われてギャングになってしまったんだ」

恥ずかしがり屋の19歳シレンは、ギャングの日常を語ってくれた。昼間はハイエナのようにドラッグを買うお金を探してまわり、その金で買ったドラッグをやりながら仲間とテレビでサッカーを見る日常を語ってくれた。職を得ようとしても面接すら受けさせてもらえず、徐々に自ら社会から孤立していった。

「プログラムに参加したとき、自分をひとりの人間として扱ってくれる人が、この社会にいることに本当に驚いたんだ。だって僕はいつだってテロリストだと指差され、邪魔者扱いされてきたからね。プログラムでみんなと議論したことで、自分のおこないが社会に対して大きな悪影響を与えていたこと、自分が変わっていけば、何かを変えられるかも

ソマリアの実家に戻ったシレン（右）。母親と友だちとの生活は充実しているようだ。

しれないということに気がついた。ちょうど警察がソマリア人の一斉摘発をしはじめているから、以前のように反発して対抗しようとするのではなくて、ギャングをやめてソマリアの実家に帰ってみることにしたよ」

　ソマリアに帰ったシレンからは、いまも定期的に連絡が届く。彼は、昔の友だちの輪に戻ることができ、職を得ようと必死に努力している。

「10年ぶりに、母親と一緒に暮らせているのが、何より幸せさ。昔の悪事をなかったことにするわけではないけど、過去の自分を反省している。こっちではまともなやり方で生計を立てようと努力しているよ。君たちが話してくれた『ギャングである君たちはこれからの社会を担い変革していくユースだ』という言葉は、いまでも忘れられない。僕もそんなユースとして、これから頑張っていくつもりなんだ」

グリード――南アフリカの商店で働く

24歳のグリードはソマリアのキスマヨで生まれ、15歳のころにイスリーに移住した。少しのあいだだけ高校に通えたこともあったけれど、両親が亡くなったため学費が尽き、退

グリード。南アフリカに移ったあともさまざまな困難に直面しているが、ソマリア人コミュニティの助けを得ながらなんとか暮らしている。

学してしまった過去を持っている。彼のまわりには同じような境遇のソマリア人がいて、行動をともにしていたら、いつの間にかギャングと呼ばれる存在になっていた。

「僕はケニアＩＤを持っていないので、市民として登録されていない。だから常にケニア社会から迫害され、弾圧される危険と隣り合わせで暮らしていた。ギャング組織に属していることは、警察や社会からの追及を逃れるための隠れ蓑にもなるんだ。僕には職の獲得に必要な知識やスキルがないし、そのうえ僕の顔はすでに地域全体によく知られてしまっている。ギャング組織を抜けて普通の生活をしようとしても、誰も僕を受け入れてくれなかっただろう」

ある日、そんなグリードに転機が訪れた。叔父が南アフリカに住んでいて、そこにはソマリア人のコミュニティもあるという情報が入ってきたのだ。

「南アフリカで新しい生活に入っていけるというのは、希望でもあったけど、同時に怖かったよ。慣れ親しんだコミュニティを出て、わざわざリスクをとることになるからね。だけど、南アフリカに行くことを悩んでいたとき、僕を迎え入れてくれた君たちのことを思い出したんだ。社会にも、僕たちを受け入れて励ましてくれる存在がいるんだと知って、慰められたことを思い出したのさ」

グリードはイスリーを発ったあと、無事に叔父と再会を果たし、現地ソマリア人コミュニティで気の合う友人を持つことができ、彼らとともに小さな商店で働くようになった。

「お金をたくさん稼いだら、海外の大学で学位を取りたいね。そう、日本なんかもいいな。もっと広い世界を見てみたい。そのためにもなんとか必死にやっていくよ」

アブディラシード――ニュージーランドの大学生になる

そして21歳には見えないほど童顔のアブディラシード。彼はソマリアのモガディシュ郊外で育ち、6歳のときに両親と離れ離れになってしまい、ほうぼうを巡ってイスリー地区に辿り着いた。両親とはいまも連絡がとれないままだ。

可愛い顔をしてとにかく勤勉で真面目な彼は、英語も堪能でプログラムをしっかりリードしてくれ、日本人から大人気の愛されキャラだった。プログラムが終わって少し音信不通になったが、ある日彼から連絡が来た。

「久しぶり！　僕はなんとニュージーランドの大学生になったよ！　内戦が勃発したときにニュージーランドに避難した親戚と連絡がついて、縁あって大学の試験を受けることができたんだ。そしたら合格基準をどうにか超えることができて、僕は学生ローンと滞在許

ニュージーランドの大学に進学したアブディラシード。近い将来、きっとソマリアの担い手となるだろう。

可を貰うことに成功したよ！　君たちは僕の目を開き、希望を与えてくれた。ダラダラしていた僕に刺激を与え、僕が行動するように変えてくれたのは、紛れもなく君たちだ。たくさんの機会を与えてくれて、本当に感謝しているよ」

愛する妻子を連れてニュージーランドに移住したアブディラシードはまさに努力の塊で、フェイスブックに投稿されるたくさんの楽しそうな写真を見る限り、彼はもう夢に向かってひとりで走れているようだ。

「そういえば、大学の学部は土木工学部にしたんだ。僕の夢は内戦でボロボロになっている母国を助けて再建することだからね！」

そう言う彼のプロフィールには、測量機を覗き込んでいる童顔の写真があった。

もちろん、すべてのギャングたちが、この3人のようにうまくいくわけではないけれど、彼らの生き生きとした姿は、たしかにほかのギャングたちのモチベーションになっている。3人のように夢に向かって進んでいる人たちの姿を見ていると、人生に裏技なんてものはあまりなくて、ひとつひとつ積み重ねていくことが大切なんだと思う。その積み重ねは面倒だったり大変だったりするだろう。でも、僕らが出会った勇気あるユースたちは、必死に一歩一歩、日々を生きている。

コンゴ、クルディスタン、パレスチナ、マリ、南スーダン、そしてルワンダ……僕を勇気づける世界の同志たち

僕はよくまわりから「自分の道を突き進み、迷いなく決断する人」だと思われがちだ。でも実は、いつも悩んでばかりいる。あまりに過酷なソマリアで生きる人々との関わりが増えるたびに、いま生きている意味と、これから何のために生きていくのかを考えてしまい、答えが見つからずに苦しんだこともあった。答えを見つけようと読み漁ったキルケゴールやニーチェは逆効果で、まわりから見れば心底どうでもいいことを、ひとりでブツブツと考え続けるような人間に僕を仕立て上げてくれた。

そんなときに支えとなるのが、世界の紛争地で必死に平和を求めて闘っている同年代の仲間たちだ。２０１４年12月、アイルランドのダブリンで開催された世界最大級のユースサミットに招待され、参加することになった。そこには同世代ながら難しい問題に対して果敢に立ち向かうユースたちがいた。

コンゴ民主主義共和国出身のエディは、長年紛争が続いている東部地域で子どもを保護する活動をおこなっていた。現在は彼自身も難民となり、流れ着いたケニアの首都ナイロビを拠点に、コンゴから来た難民の子どもを守るべく精力的に行動している。

シリア北部のクルド人が住むクルディスタン地域出身のパルジンは、イスラム過激派組織のISから命がけで逃れてきた難民たちを保護して支援している。

サミットのあいだ、仲良くなった僕ら3人は行動をともにし、実に色んなことを語り合った。

「数年後、またこうして3人で集まり、お互いの成果や次なる展望を語り合いましょう！

2人がそのときまで元気でいるように毎日祈っておくわ」

別れ際、絵画のように綺麗な瞳をしているパルジンがそう言い、僕とエディにアイルランド名物のクローバーをモチーフにしたお守りをくれた。僕も再会を祈った。

「いつか3人で何かをする日を待ち望んでいるよ。コンゴとクルディスタン、そして日本と距離は離れているけど、いつでも一緒さ」

僕と同い年でいまはアメリカの大学で学んでいるパレスチナ出身のモハメドは、パレスチナの惨状と中東の緊張状態を変える方法を必死に模索している。彼は、パレスチナとイスラエル双方の立場や論理を考慮した解決策を見つけようとしている。

あるとき、「世界の紛争に対する先進諸国に住む若者の責任」について議論していると、彼は「人間としての責任」を強調した。人間として当たり前だ、という彼の毅然とした意志がそこに見てとれた。この「人間としての責任」という考え方は、いまの僕の行動指針に深く影響している。


名ばかりの停戦合意が繰り返されるマリで、NGOを設立してどうにか紛争を解決しようと奮闘している3歳年上のボウバーと、南スーダンの復興に尽力しているクオクニンは、僕がソマリアの問題に取り組んでいることを心から感謝し、誇りに思うと言ってくれた。

別れのとき、僕らは肩を組んで写真を撮り、

「疲れたからと言って、サボるんじゃないぞ?」

「それは俺のセリフだね」

と笑い合い、ガッチリと固く握手をした。

ダブリンで出会った彼ら以外にも、多くのヒーローと出会った。忘れてはならないのは、

ルワンダにいるアレックスだ。

アレックスは、当時僕が所属していた学生団体の、ルワンダ側でのカウンターパートの団体に属していた。「貧しい農村にヤギをあげるかあげないか」でもめたとき、「あげるべきだ」という意見で一致して意気投合したのだ。

第3回現地渡航のあとには僕とタカでルワンダまで彼に会いにいった。2011年に出会ったときから、アレックスとの関係は絶えることなく続いている。僕らは良いことがあるとお互い必ず報告していて、その喜びを2倍にしている。

2014年9月に実施された第5回現地渡航活動のあと、高橋としおりんがルワンダを訪問した。その際アレックスは、彼女らに1通の手紙を託してくれた。

ワードでびっしりとタイプされたその手紙は僕への感謝状で、そこには僕を生涯の親友として選んだ、と書いてあった。褒めるのがうまいアレックスは、僕のことを「闇に浮かぶ光」とまで形容してくれて、なんだか照れくさい感じはあるものの、僕はあの手紙を一生忘れることはないだろう。

ルワンダ国立大学を卒業してナイロビで働いているアレックスは、イギリスかアメリカの大学院に進学して紛争関係の修士号をとろうとしている。また、今年からムーブメント・ウィズ・ギャングスターズの長期モニタリングを手伝ってくれることになった。

「いつかヨスケとともに紛争やテロに立ち向かうんだ」と大真面目に言ってくれていた彼と、こういう形で一緒に活動をおこなうことができる日がくるなんて、こんなに嬉しいことはない。

ほとんどの人が立ち向かえない、想像を絶するほど危険で複雑な問題に対して、気高く行動を続けるヒーローたちの姿が、僕を道に迷わないように導き、支えてくれている。もちろん、無給でありながら団体の活動に献身してくれている日本ソマリア青年機構のメンバーや、死と隣り合わせのソマリアの最前線で平和を構築しようとしているアハメドさんやAMISOMの人々、彼らの誇り高い姿も僕を後押ししてくれている。

彼らにカッコ悪い姿を見せたくない、そして僕も彼らのようなヒーローになりたい。そんな思いで、僕は前へと走り続けている。

僕の夢

2015年夏、僕らはプロジェクトのモニタリングとギャングたちのカウンセリングを日本からも実施することに決めた。受け入れるギャングが増えて現地スタッフでは手が回らなくなったのと、日本人メンバーがギャングとより密接にコンタクトをとることで、お互いのモチベーションを維持し続けるためだ。そんなわけで、僕らは毎日のようにそれまで受け入れてきたギャングたちにせわしなく電話をすることになった。なかなか電話に出ないギャングもいれば、ずっと話し続けたがるギャングもいる。順調に頑張っているギャングもいれば、少し休憩しているギャングもいる。彼らは彼らなりのペースで今日を生きているようだ。

モニタリングは数名によって担当が分けられており、僕は久々にモハモハスレイマンに電話をかけることにした。彼の最大の特徴でもあり武器でもある流暢な英語は、いまも健在だ。

「イスリーで仲間と一緒に小さな商店を始めたんだ。厳しいことばかりだけど、どうにかやっているよ。そうそう、この前ドキュメンタリーに使う映像を撮っただろ？　俺が映っている部分を送ってくれよ。さっそくほかのギャングたちに見せて、あいつらを刺激したいんだ！」

ボランティアギャングとして活躍してきた彼は、いよいよユースリーダーとしての意識が芽生えてきているようで、これからも後輩ギャングたちの面倒を見てくれそうだ。

「いやほんと、元気そうでよかったよ。その調子でしっかり夢を叶えてくれよな。モハスレがギャングたちの見本になってくれることを心から願ってるよ」

「もちろんさ。そういえば、ヨスケはいまどこにいるんだい？」

「僕はいまロンドンの大学院で必死に勉強しているんだ。それに加えて近くのモスクでソマリ語を勉強しはじめたんだぜ」

「おいおいすごいな！　そしてその後はどこへ行く？　ヨスケの夢は何だい？」

「僕の夢？　僕の夢は……」


僕らの活動には、明るい話だけではなく、厳しい現実もある。

昨年の2015年5月、勇気を出して南アフリカに渡って小さな商店で働いていたグリードが、突如南アフリカ社会で勃発した移民排斥《ゼノフォビア》に巻き込まれてしまった。頼りにしていた叔父は暴徒たちによって殺され、グリード自身も仕事中に襲撃を受けて、命からがらダーバンからケープタウンへと避難した。その道中、グリードは僕らに何度もSOSの電話をしてきた。僕は国連やNGOのキャンプに連絡をとって、彼の受け入れプロセスをサポートし、グリードをどうにか安全な場所へ誘導した。僕ができたのは、そんなことくらいだった。

その後グリードは、ケープタウンのソマリア人コミュニティに加わることができた。いまは生命の危機に瀕してはいないが、また人生を一からやり直さなければならなくなった。グリードは温厚なうえに頭が良いので、きっとどこでもうまくやっていけるとは思うけれど、彼の苦難はどこまで続くのかとふと考えてしまう。僕は安全な場所で悠悠自適に暮らす自分と彼とのギャップがより大きくなったように感じて、彼の目を正面から見るということが以前よりもはるかに難しくなったことに気がついた。

2015年8月20日、別のギャングの訃報が届いた。第2弾のムーブメント・ウィズ・ギャングスターズのプロジェクトで「偏見を捨てて俺たちを受け入れてほしい」と発言していたラスタが、ギャングの抗争によって殺害されたのだ。ソマリア側代表のモハ2が、僕らに連絡をくれた。

「彼はギャングをやめたがっていたし、もう二度と人を殺したくはなかったんだ。彼はその意志を最後まで貫いた」

僕らはラスタが安らかに眠るように祈った。ただ、祈ることしかできなかった。ギャングらしい服を着て、マッチョでいかめしい風貌ながら、とにかく妻子を気にかけていて、自分を変えようとプログラムに打ち込んでいたラスタ。彼の感想シートには、受け入れられたことへの驚きと感謝が書かれていた。その言葉は、僕らにとって大きな励みとなってきた。お互いの信頼関係が確かなものになろうとしていたまさにそのとき、ラスタは帰らぬ人となってしまった。

ソマリアの紛争やギャングの世界では、「死」は珍しいものではないけれど、だからといって「仕方ないこと」として受け入れることは難しかった。そこに存在するのは、僕は彼に対して結果的に何もできなかったという事実だけだ。


さらに追い打ちをかけるように、その年の暮れ、僕らが受け入れていたギャングのひとりであるモーゲが、ソマリアのキスマヨという都市に行って武装勢力に加入したとの報告が入った。モハ2を通して彼にコンタクトを取ってみたところ、「キスマヨに来い。案内してやるよ」というメッセージとともに、AK－47と呼ばれる自動小銃を手にした彼が写っている写真が数枚送られてきた。

そのメッセージのあと、すぐに現地側の中心メンバーとスカイプで対処策について議論をすると、とあるソマリア人メンバーはモーゲと激しい口論になったようで、興奮気味に「あのクズめ」と吐き捨てた。これまで、ギャングを武装勢力ではなく社会を変える側にしようと、あるいはさらに過激なギャングになるのを防ごうと努力をしてきたものの、モーゲを完全にこちら側に引きこむことはできなかった。ほかにできることがあったのではないか、と後悔だけが浮かぶ。

いままで関わってきたソマリア人たちのなかには、ギャングのような問題の当事者たちに加え、自身の友だちや家族を紛争や飢餓で失った人が数えきれないほどいる。また、友人関係であったのが一変し、僕を激しく憎むようになり、「イスラム法廷でお前を裁く」と日々脅迫してくる人たちもいる。僕は彼らの友だちとして、この現実をどう理解すればよいのだろうか。

僕は彼らの友だちでいられるのだろうか、いてもいいのだろうか、いるべきなのだろうか。

その問いに対する明確な答えは簡単には見つからない。もしかしたら一生涯悩み続けることになるのかもしれない。しかし、だからといって、彼らとの関係を諦めてしまっては元も子もないし、何より深刻な問題は僕を待ってくれたりはしない。だとしたら、僕にはまだまだやるべきことがある。まさにいま、僕にしかできないことがある。そう信じているし、そう信じてくれる人たちがいる。そうであれば、自分なりの答えを出すまで、僕は前を向き、ひたすらに走り続けたいと思うのだ。

「僕の夢は、君と友だちであり続けることかな」

「なんだそりゃ？　ずっと友だちでいるなんて当たり前じゃないか」

「ふふ、まあそうだよね。僕もそう思う。けれどこれが、いまの僕の夢なんだ」

おわりに

「比類なき人類の悲劇」と形容されるほどの人道危機が起きたソマリアは、2012年後半に21年ぶりとなる統一政府が樹立し、ソマリア連邦共和国となった。その後、ソマリアは少しずつながら復興を進めてきている。国連特使のニコラス・ケイは、任期終了時の2015年末に同国を「復興途中の脆弱国家」と位置づけた。いくつかの紛争軸が政治闘争へと変化したこともあり、複雑で流動的な内戦の構造はいくぶんわかりやすいものになったし、一時世界的な脅威となっていたソマリアの海賊問題は、いまではほとんど解消された。この20年でソマリアの情勢が改善されつつあることは、疑いの余地がないだろう。

しかし2016年現在も、ソマリアは依然として世界で最も深刻な紛争地のひとつであることも事実だ。今年に入ってからさらに活発化してきたイスラム過激派組織〈アルシャバーブ〉は、南部ソマリアにおける広大な領域を支配下に置いている。一方、国民からの支持や信頼が低く極めて脆弱な中央政府は、2015年も例年通りに汚職ランキングワースト1位を記録した。

また、紛争解決の視点から見ても、武装勢力に対する政府側の力はあまりにも脆弱だ。主張を通すためにあらゆる妥協を許さず、アフリカで最も組織化されたイスラム過激派組織と称されるアルシャバーブの力を削ぎ、政治的解決に持ち込むような戦略と能力を持ち合わせていない。このままでは、ソマリアにおける紛争がさらに長期化してしまう可能性は非常に高い。また、このような国家による統治力が低いソマリアでは氏族によるコミュニティが色濃く残り、氏族間の対立がいまも絶えない。さらに、国連などの外部アクターが目指す西欧的な民主主義と、現地の人々が望む政治形態には小さくないギャップが存在している。そのため、2012年に導入された連邦制が悪い方向に働く可能性も否定できず、ソマリアの先行きはまだまだ不透明だ。

一般的な理論として、ソマリアのような現代の紛争問題に対処するためには、直接的当事者だけではなく、周辺国や国際社会といった外部アクターによる十分なコミットメントが必要不可欠であり、その文脈で日本と日本人には大きな期待が寄せられてきている。国による資金援助も非常に重要ではあるが、当然ながら紛争はそれだけでは解決できない。つまり、そのような資金が使われる現場において、高度な教育に基づく専門知識、最先端の技術、社会インフラ構築の経験、忍耐強さ、日本人に対するポジティブなイメージなどを、より積極的に活用することが求められている。例えば、「過激派を抑制する」ことを目的としたコミュニティ支援や社会復帰支援など、国家や軍ではない文民による丁寧な支援は、時として資金援助よりはるかに価値があるだろう。このような個人レベルの丁寧なコミットメントこそ、日本人に求められていることのひとつであり、大きな可能性が隠れている。

僕は僕で、この時代における責任を果たそうと、いま自分にできる、自分だからこそできることを実践するため、2015年9月よりロンドン・スクール・オブ・エコノミクスの紛争研究修士課程に進学し、紛争解決や紛争後政策の理論を学んでいる。絶対的な正解が存在しない、その問題の難解さに毎日頭を悩ませながら、一年という限られた時間のなかで、紛争問題に立ち向かうための知識をできる限り詰め込もうとしている。

学業に加えて、南スーダン政府と反政府組織の和平プロセスのリサーチアシスタントとして、現在進行形の和平調停プロセスに携わっている。また、ガーナのコフィアナン国際平和維持訓練センターで開催された、国連平和維持活動（ＰＫＯ）実務者を対象とする武装解除研修に特別に参加させてもらう機会にも恵まれた。すべてはソマリアの深刻な問題をなんとかしたいため、そしてアルシャバーブを筆頭とする武装勢力を食い止めるため。

僕はあくまで紛争解決の領域にこだわりたい。それが、自分にしかできないことだと思うからだ。国際協力への関わり方がどんなに多様になろうと、そこには誰かにしかできない国際協力がある。その誰かが必要とされるとき、僕はその誰かになりたい。この考え方は大学一年生のころから同じだし、今後も変わらないだろう。

また、日本ソマリア青年機構は今後さまざまな面でさらに発展していく。若者で構成される日本ソマリア青年機構だからこそ、できることがあるのだ。「ムーブメント・ウィズ・ギャングスターズ」プロジェクトには、2016年4月から新しい目的が加えられた。これまでの目的であった「ギャングの積極的社会復帰」に加えて、「ギャングの過激化防止」にも焦点をあてた活動をおこなうことが決まり、平和構築・紛争予防の性質が強化された。

それにより、これまでおこなってきた実用的なスキルトレーニング講座の拡大、ユースとして日々の生活を送るためのライフスキルトレーニングの提供、ドラッグ中毒対策、求職支援、そして現地のコミュニティを巻き込んだ、より綿密で長期的なモニタリングとカウンセリングを実施していくことになった。

同世代の若者たちを、ギャンググループや武装勢力に向かわせるのではなく、僕らと同じユースとして迎え入れ、ともに夢を語り、社会に統合していく。これから徐々に後輩たちが主役となっていくが、彼ら彼女らがどんなRealizationを成し遂げていくのか、いまからとても楽しみだ。

本書で述べてきたように、日本ソマリア青年機構の活動は団体理念である「Realization（理解・現実化）」を常に意識しながら進められてきた。問題を「理解」するために、活動の初期段階ではニーズ調査に徹した。ソマリアの情報をかき集め、現地の人たちの話を聞いて、ソマリア人メンバーと議論を重ねるなかで、問題とともに、少しずつ彼らを、そして自分たちを「理解」していき、自分たちだからこそできることの「現実化」へと辿り着いた。

この5年間の取り組みで僕が学んだことのひとつは、「どんなに厳しい状況でもしっかりと目を見開き続ければ、何かしら方法はある」ということだった。想像を絶する恐怖や途方もない不安が行く手を阻もうとするときこそ、背を向けるのではなく、目を見開いてそれらと向き合う瞬間なのだと思う。

もうひとつの学びは、「人と人のあいだには、文字通り無限の可能性がある」ということだ。僕らがターゲットとしたギャングは、社会から「犯罪者集団」や「潜在的テロリスト」

などと認識されていたが、僕らは僕らとギャングたちのあいだに潜んでいた可能性に注目した。彼らを単に無法者と捉えるのではなく、未来を担うユースとして考えることが、「ムーブメント・ウィズ・ギャングスターズ」が生まれるきっかけになったのだ。

今後、僕はギャングよりもさらに凶悪な存在である武装勢力と真っ向から向き合っていこうと思っているが、そこでも「Realization」の考え方やこれまでの活動で学んだことを活かすことができると固く信じている。

最後に、僕を応援してくれた、支えてくれた人々へ心からの感謝を伝えたい。

僕の学び舎であった早稲田大学で、哲学を通じて自分の頭で考えることを教えてくださった御子柴善之先生、丁寧に英語を指導してくださったうえに坂田さんを紹介してくださった中野葉子先生、ボランティアの役割についてともに議論してくださった岩井雪乃先生、国際協力や国際関係を指導してくださった山田満先生や片岡貞治先生、複合文化学科で僕の挑戦的な態度をしっかりと受け止めてくださった後藤雄介先生や高橋順一先生、日本ソマリア青年機構を応援し続けてくださる奥迫元先生。学生による利他的な行動を称え応援してくれる早稲田大学だからこそ、僕は4年間のびのびと成長することができました。

日本ソマリア青年機構の活動を進めるにあたっては、「Realization」の考え方を教えてくださった坂田泉さん、キ・アフリカの西方毅さん、NPO法人リトル・ビーズ・インターナショナル代表の高橋郷さん、写真家の瀧野恵太さん、共同通信社の吉田昌樹さん、在ケニア日本大使館の方々、JICAケニア事務所の方々、国際移住機関ソマリア事務所の方々、元共同通信ナイロビ支局長の吉田昌樹さん、そして、岡谷厚仁さん、中村豪志さん、大澤康男さん、奥山卓さん、佐藤基典さん、外口真大さん、髙椋輝彦さんをはじめとする東京青年会議所ならびに日本青年会議所の方々、樫元照幸さん、兼井理絵さんをはじめとするTBS「NEWS23」編集チームのみなさん、テレビ朝日「報道ステーションSUNDAY」の鈴木雅也さんなど、数えきれないほどの人々からアドバイスや励ましをいただきました。また、山本敏晴さんには数々の著書を通じて、「真の国際協力」のあり方について学ばせていただきました。この場を借りて御礼申し上げます。

地元の友人たち、早稲田大学の友人たち、活動を通じて知り合った友人たち、ロンドンで一緒に暮らしている個性的で国際色豊かなフラットメイトたち、兄貴分のライター西山武志さんなどの方々には、公私ともに色々とお世話になりました。好き勝手に生きる僕のことをいつも変わらず受け入れてくれるみんなの存在こそが、僕を根底の部分から支えてくれているような気がします。

また、定期的に暴走する僕の文章を長い時間をかけて改良してくださった、英治出版の下田理さんと安村侑希子さんを中心とする編集チームのおかげで、無事に本書が完成にいたりました。

そして何より、困難に立ち向かおうとする勇気を持った、日本ソマリア青年機構のメンバーたちがいたからこそ、活動を続けることができました。これまで日本ソマリア青年機構に参加して活動をともにしてくれた国吉大将、黒田早紀、阿部凛、柏木孝宏、久保初穂、鈴木香緒理、山田奈津子、村上さやか、柿野翔胡、大杉祐輔などの仲間たちに加え、現メンバーである関口詩織、渡部耀元、土居奈月、菅沼亮太、高橋みづき、兼澤真吾、関根菜々子、永盛静果、渡嶋ちひろ、岡裕子、寺尾万由子、松田梨紗子、中山宗一郎、糟川夏子、藤田奏子、藤牧友、石井光一郎、細木理央、島野珠緒、富岡俊行、伊藤未速、そしてこれから参画し新たな時代を築き上げてくれるまだ見ぬ仲間たちに、最大限の敬意と感謝をここで述べたい。

永井陽右　Yosuke Nagai

1991 年神奈川県生まれ。早稲田大学在学中にソマリアの大飢饉と紛争の問題を知り、日本で唯一のソマリアに特化した NGO「日本ソマリア青年機構」を設立。2015 年 4 月早稲田大学教育学部複合文化学科卒。同年 9 月よりロンドン・スクール・オブ・エコノミクスの紛争研究修士課程に在籍。小野梓記念賞など受賞多数。

日本ソマリア青年機構　Japan Somalia Youth Organization

世界最悪の紛争地のひとつ「ソマリア」の問題解決に特化した日本で唯一の学生 NGO。日本人メンバー、ソマリア人メンバーから構成されており、そのほとんどが 20 代の「ユース」。主な事業として、ソマリアの隣国ケニアのソマリア人ユースギャングの「積極的社会復帰」「過激化防止」を目指す「Movement with Gangsters」、スポーツを通じた日本とソマリアの市民社会の関係構築を目指す「Cheer up Somali Sports Project（CSSP）」などを実施中。2016 年度より、メンバー募集を全国に拡大化。
http://jsyo.jimdo.com/

●英治出版からのお知らせ

本書に関するご意見・ご感想をE-mail（editor@eijipress.co.jp）で受け付けています。
また、英治出版ではメールマガジン、ブログ、ツイッターなどで新刊情報やイベント情報を配信しております。ぜひ一度、アクセスしてみてください。

メールマガジン ： 会員登録はホームページにて
ブログ ： www.eijipress.co.jp/blog/
ツイッターID ： @eijipress
フェイスブック ： www.facebook.com/eijipress

僕らはソマリアギャングと夢を語る

「テロリストではない未来」をつくる挑戦

発行日　2016年5月16日　第1版　第1刷

著者　永井陽右（ながい・ようすけ）

発行人　原田英治
発行　英治出版株式会社
〒150-0022 東京都渋谷区恵比寿南1-9-12 ピトレスクビル4F
電話　03-5773-0193　　FAX　03-5773-0194
http://www.eijipress.co.jp/
プロデューサー　下田理
スタッフ　原田涼子　高野達成　岩田大志　藤竹賢一郎　山下智也
鈴木美穂　田中三枝　山見玲加　安村侑希子
山本有子　上村悠也　田中大輔　渡邉吏佐子
印刷・製本　大日本印刷株式会社
装丁　荻原佐織（PASSAGE）
校正　小林伸子

ISBN978-4-86276-222-1　C0030　Printed in Japan